José Zorrilla

El caballo del rey don Sancho

Barcelona **2024**
Linkgua-ediciones.com

Créditos

Título original: El caballo del rey don Sancho.

© 2024, Red ediciones S.L.

e-mail: info@linkgua.com

Diseño de cubierta: Michel Mallard.

ISBN tapa dura: 978-84-9897-344-0.
ISBN rústica: 978-84-9816-278-3.
ISBN ebook: 978-84-9897-193-4.

Sumario

Brevísima presentación

La vida

José Zorrilla (Valladolid, 1817-Madrid, 1893). España.

Tras estudiar en el Seminario de Nobles de Madrid, fue a las universidades de Toledo y Valladolid a estudiar leyes. Abandonó los estudios y se fue a Madrid. Las penurias económicas le hicieron a vender a perpetuidad los derechos de *Don Juan Tenorio* (1844), la más célebre de sus obras. En 1846, viajó a París y conoció a Alejandro Dumas, padre, George Sand y Teophile Gautier que influyeron en su obra. Tras una breve estancia en Madrid, regresó a Francia y de ahí, en 1855, marchó a México donde el emperador Maximiliano lo nombró director del teatro Nacional. Publicó un libro de memorias a su regreso a España.

Personajes

Arjona
Don Pedro Sesé, caballerizo mayor del rey
Don Ramiro
Don Sancho el Mayor, rey de Navarra
La Reina, su mujer
El Infante don García
Gisberga
Juan
Melendo
Soldados, caballeros, pajes, reyes de armas, jueces del campo, pueblo

Acto I

Año 1030 de N. S. J. C.

Interior de un aposento de casa rústica, que ocupa la mitad del escenario, cuyos adornos consisten en utensilios de caza. Este aposento tiene una puerta a la derecha y dos en el fondo; de estas dos la una es una alcoba, la otra es la salida y entrada. A la izquierda una ventana con reja de madera. La parte exterior del teatro figura la ladera de un montecillo, cuyo horizonte se cierra con montañas en que se abren varios senderos.

Escena I

Gisberga en el aposento. Juan bajando por la montaña.

Gisberga　　　　　　Ya va avanzando la noche,
　　　　　　　　　　y fría y lóbrega cierra,
　　　　　　　　　　iy aun no vuelven!...; pero siento
　　　　　　　　　　pasos. ¿Quién es?

(Asomando a la ventana.)

Juan (Desde fuera.)　　　　　　Yo.

Gisberga　　　　　　　　　　　Ya llegan.

(Abre Gisberga, y entra Juan con caza y perros.)

　　　　　　　　　¿Y tu amo?

Juan　　　　　　　　Pues ¿no ha venido?

Gisberga.　　　No.

Juan　　　　　　Habrá alzado alguna pieza.

Gisberga　　　Mas ¿dónde está?

Juan	Tras mí viene.
	Le dejó junto a la peña
	del puente, donde los perros
	se nos plantaron de muestra.
Gisberga.	¿Tan de noche y sigue rastro?
Juan	¡Qué queréis! Si no le deja
	la afición. Díjome al irse
	que a espacio a casa volviera,
	que de cerca me seguía;
	mas al pie de aquella cuesta
	le he esperado largo rato,
	y ya creí que me hubiera
	adelantado, tomando
	por el atajo.
Gisberga	Pues, ea,
	que te ayude el africano
	a descargar, y Teresa
	que apronte una buena lumbre.
Juan	Sí, ¡por Dios! que ahora comienza
	una lluvia tan menuda,
	que cala.
Gisberga	Pues date priesa.
Juan	Allá voy. ¡Bien lo hemos hecho!
	Molidas traigo las piernas.

Escena II

Gisberga

(Don García baja por las montañas, acercándose a la casa y dando instrucciones a los que lo acompañan para lo que pasa en las escenas posteriores. Don García se adelanta solo.)

Gisberga

¿Tan tarde y solo en el monte,
y ahora que anda tan revuelta
Navarra, y el Rey ausente
haciendo a los moros guerra?
Mas... sí..., estoy sintiendo pasos;
él es..., sin duda

(Mira por la ventana.)   se acerca:
¿eres tú?

García

Yo soy.

Gisberga

Aguarda,
que voy a abrirte la puerta.

(Lo hace)

Entra, amor mío... Mas ¡cielos,
no es él!

García

No, no es el que esperas
tan afanosa y amante,
pero es otro cuyas huellas
solo traen rastro seguro
cuando hacia ti se enderezan.

Gisberga

Señor caballero, basta,
basta de vanas protestas
de un amor que simpatía
en mi corazón no encuentra.
Dos veces me habéis buscado,
y dos veces por sorpresa

habéis llegado hasta mí
aprovechando la ausencia
de las gentes de mi casa.

García

Aparta, serrana bella,
el ceño adusto, que entolda
tus miradas hechiceras.
¿Qué haces entre los peñascos
de estas montañas desiertas,
donde el Sol de tu hermosura
tan breve horizonte encuentra?
Ven, abandona conmigo
estas paredes de tierra,
para habitar un palacio
y ver a tus plantas puesta
toda una corte ostentosa,
toda la Navarra entera.

Gisberga

Si no me enojaran tanto
vuestras lisonjas molestas,
a fe que reír me harían
tan colosales promesas,
porque tan grandes no fuesen
si fuesen más verdaderas.
Toda Navarra: ¡ahí va poco!
¿Y a quién? ¡A una lugareña!

García

¡Ay, serrana, que es tan falso
tu pecho como tu lengua,
y para enviar en palabras
tus pensamientos a ella,
lo que crees y lo que dices
tu astuto corazón trueca!
¿Serrana tú? ¿Tú villana?

Aunque ese sayal que llevas
y esa toca te disfraza,
en vano engañarme intentas;
que no hay serrana que arome
con tal cuidado las trenzas
que en agujas de oro prendes,
y acaso con nácar peinas.
Villana que en los arroyos
se lava y al Sol expuesta
y al aire libre ha pasado
diecinueve primaveras,
no tiene tan transparentes
las manos a torno hechas.

Gisberga   Tened las torpes palabras
que me indignan y avergüenzan,
o alguno tal vez que puede,
a la garganta os las vuelva.

García   ¿Quién, el jayán que allá dentro
enciende la chimenea?
¿Con qué? ¿Tal vez con el látigo
con que a los galgos encierra?

Gisberga   Caballero!

García   ¿O es el otro
que de misterios se cerca,
y aquí entre misterios pasa
su misteriosa existencia,
dando al necio vulgo pábulo
para harto absurdas consejas?

Gisberga   ¿Qué decís?

García	Lo cierto digo.

Toda la comarca entera
ya de vosotros murmura
y de vosotros se aleja.
La misma corte, Pamplona,
ya en vosotros tiene puesta
su atención, y aseguraros
a mí me encarga la Reina.

Gisberga ¡Cielos!

García Ahora bien, hermosa,
mi valor y mi nobleza
me han colocado en Navarra
de la Real familia cerca.
Yo te amo, y yo solo puedo,
si no esquivas tal oferta,
librarte de los peligros
que sobre ti se aglomeran.

Gisberga Idos, señor caballero,
y no os fatiguéis la lengua
en promesas ni amenazas
que quien las oye desprecia.
Decís que los que habitamos
esta marañada selva
damos al vulgo que hablar
y que temer a la Reina;
pues bien, la Reina y el vulgo
cuando les plazca que vengan,
y verán desvanecidas
tan injuriosas sospechas.

14

García	Mucho de tu causa fías;
	mas ¿sabes que malas lenguas
	por espías os delatan
	de los moros?
Gisberga	¡Tal afrenta!
	¡Espías!
García	Tal lo murmuran;
	y las nocturnas escenas
	que dicen que en este valle
	pasan (que serán quimeras),
	mas que ante el vulgo ignorante,
	que todo mal lo interpreta...
Gisberga	¿Qué?
García	De magos os acusan,
	de quirománticas ciencias
	profesores o secuaces...
	¡Qué sé yo!
Gisberga	Dios nos proteja.
	¡Espías y nigromantes!
García	Que son crímenes que llevan
	a los unos a la horca,
	a los otros a la hoguera.
Gisberga	¡Por Dios, señor caballero,
	que patrañas tan groseras
	los nobles y cortesanos
	es imposible que crean!

García

Que aquí un espíritu habite
que impalpable se aparezca
bajo mil formas distintas,
ya en el llano, ya en la vega;
que aquí, con otros espíritus,
nocturnas rondas emprendan,
y otras semejantes fábulas
que cuenta la chusma crédula,
no puede creerlo nadie
que cinco sentidos tenga;
mas ¿quién en vuestros encantos
no creerá si a ver llega
los poderosos hechizos
que atesora tu belleza?
¿Qué mas filtro que tus ojos,
que filtran y que penetran
los corazones más duros,
que entre sus rayos se queman?

Gisberga

Idos, caballero, idos;
vuestro amor, vuestras ofertas,
ni puedo admitirlas yo,
ni a poder, las admitiera.
Idos, por Dios, caballero,
que estoy temiendo que vuelva
quien puede de estas palabras
pedirnos a entrambos cuentas.
Salid de aquí.

García

En vano trazas
una inútil resistencia;
un solo criado en casa
tienes, y la casa cercan
quienes de ese otro que dices

sabrán defender las puertas.
Mira.

(La hace mirar por la ventana y ver los monteros que rodean la casa.)

Gisberga   ¡Gran Dios!

García   Y si viene
le prenderán...; conque piensa
que tengo mucho poder,
que traigo gente resuelta,
que te amo, y que has de ser mía
por voluntad o por fuerza.

Gisberga   ¡Cielos! ¿Quién es este monstruo
que así ultraja la inocencia,
y los respetos más santos
tan sin pudor atropella?
¿No hay quien contra ti me ampare?

García   No; no hay nadie; en vano esperas
que en el que fías te escuche
ni a darte socorro venga,
no; que aunque ese hombre no diese
cual da a la corte sospechas
con su misteriosa vida,
por quererte la perdiera.

Gisberga   Primero habrás de matarme
que yo en seguirte consienta.

García   Pues bien, si no vas amante,
te arrastraré prisionera

(Va a volverse para salir, y por una de las puertas del fondo aparece don Ramiro.)

Escena III
Don García, Don Ramiro y Gisberga

Gisberga	¡Ah!
García	¡Santo Dios!

Ramiro
                                       Buenas noches.
¡Hola! Bien venido sea
el príncipe don García
a mi mísera chozuela.

Gisberga   (¡El Príncipe!)

García   (Me conoce.)

Ramiro
Pero parece que os deja
mi llegada algo turbados.
Qué, ¿os enoja mi presencia?
¡Vaya, perdonad por hoy,
no es justo que al raso duerma
teniendo casa..., ¡mal rayo!
y ahora que zaracea!
Mas ¿qué mil diablos tenéis?
¿Os habéis vuelto de piedra?
Ea, señor, animaos,
que aunque no son mis riquezas
más que de vasallo, aun puedo
ofreceros cama y mesa!

(A Gisberga.)   Di a Juan que abrevie, que el Príncipe
pasó la jornada entera

cazando, y tendrá apetito:
(y a presentarte no vuelvas).

Escena IV
Don García y Don Ramiro

Ramiro   Y ¿en qué pensáis?

García.   ¿Por dó entrasteis?

Ramiro   ¿No lo visteis? Por la puerta.
                ¿O juzgáis que sea brujo
                que entro por las chimeneas?
                Ya sé que el vulgo lo dice,
                pero ¿yo?... ¡Vaya una idea!

(Riéndose.)

García   Acabemos de una vez,
                ¡voto a Dios!..., quienquier que seas...

Ramiro   ¡Ésta es mejor! ¿Estáis loco?
                ¡Pues me gusta la manera
                de pagarme el hospedaje!
                ¡Bah! Dejad la espada quieta
                y cenemos en sosiego,
                que es lo que nos interesa.

García   (No sé qué es lo que me pasa:
                jamás vi tanta impudencia.)

Ramiro   Conque ¿qué hay nuevo en la corte?
                ¿Qué es lo que se sabe en ella
                de don Sancho vuestro padre?

¿Avanza mucho en la guerra
con los moros?

García   Los navarros
siempre en las campañas llevan
lo mejor, y hombre es mi padre
ante quien calla la tierra.

Ramiro   ¡Bien dicho, viven los cielos!

(Sacan en un canastillo platos, manteles; etc.)

Pero aquí está ya la cena,
y pues que viene a propósito,
vaciemos una botella
con un brindis a don Sancho
y a su pronta y feliz vuelta.

(Llena las copas y le ofrece una.)

Tomad.

García   Yo no bebo.

Ramiro   ¡Cómo!
Mirad que así las sospechas
corroboráis de quien dice
que esperáis con impaciencia
la muerte de vuestro padre
para heredarle la hacienda.

García   ¡Villano!

Ramiro   Bebed entonces,

y brindemos porque vuelva.

García　　　　　No bebo nunca.

Ramiro　　　　　　　　　　　¡Ésta es otra!
Pues ¿qué hacéis en esas fiestas
y en esas orgías en que
pasáis las noches enteras?
¡Bah, bah! Tomad esa copa
y sin recelo bebedla,
que no es mano de traidor,
señor, quien os la presenta.

García　　　　　Hablemos de una vez claro,
que siento que mi paciencia
se va menguando, y escúchame.

Ramiro　　　　　Hablad.

García　　　　　　　　　　Quienquiera que seas,
ya hombre vulgar como todos,
ya ministro de esa ciencia
diabólica y misteriosa
que lo escondido penetra;
siquiera fueres el mismo
espíritu de tinieblas,
hombre soy en cuyo pecho
ningún vil temor se alberga,
que he nacido en regia cuna
y sangre de rey me alienta.
Cómo he venido a esta casa,
y a qué, no creo que deba
a tus ojos esconderse,
y esas ambiguas maneras

que usas conmigo, intenciones
recónditas manifiestan.
Pues bien; de una vez declárate,
que a mí nada me amedrenta
cuando en la ocasión me encuentro.

Ramiro ¡Bah! Todo eso es bagatela;
aquí estáis en vuestra casa,
aunque os roa la conciencia
al acordaros del modo
con que habéis entrado en ella.
Pero eso no es dé cuidado.
Si os pareció hermosa Elena,
si a galantearla vinisteis,
si os rechazó esquiva ella,
todo eso es muy natural
y no sale de las reglas:
vos ignorabais que es de otro,
y ella ignoraba quién erais.
Y en cuanto a esos temores,
que parece que os inquietan,
sobre quién soy o quién no,
solo son vanas quimeras.
Confieso que hago una vida
montaraz en estas peñas,
y que a veces tengo antojos
tan raros y tan diversas
costumbres de las que suelen
los hijos de Adán y Eva,
que tiene razón el vulgo
cuando me hace en mil consejas
el héroe misterioso
y el poder que las maneja.
Mas veo que estáis inquieto

y que volvéis con frecuencia
los ojos a esa ventana.
¡Ah! Ya caigo: bajo de ella
habéis la gente apostado
para que os guarde la puerta.
Bien hecho; pero si os place
mandaré que en mis paneras
los alojen, que hace frío
y ningún peligro altera
la comarca. Juan...

Juan (Saliendo.)   Señor...

Ramiro   A ésos que allá bajo esperan
hospedaje da y regálalos
con todo cuanto apetezcan.

García   (¡Cielo santo! ¿Qué hombre es éste?
Mas disimular es fuerza,
pues tanto en sí no podría
fiar si solo estuviera.)
Gracias, huésped; mas son muchos
y os van a causar molestia...

Ramiro   Nada de eso.

García   A más, ya es tarde,
y en esa vecina aldea
nos esperan los caballos
y monteros.

Ramiro   ¡Qué simpleza!
¿Ir a atravesar el valle
con una noche como ésta?

No, no; aquí la pasaréis,
y mañana, cuando vuelva
el claro Sol, todos juntos
a la corte iremos. Ea,
remitid, pues, los cumplidos
y sentaos. Nada alegra
ni entona mejor a un hombre,
que un par de viandas recias
y un par de sabrosos tragos
de pura sangre de cepa.

García   Sea: ¿por qué como huésped
despreciar tales ofertas
con mala cara? Escanciad,
y brindo a vuestra franqueza,
y a los ojos de esa hermosa,
sea de vos lo que sea...

Ramiro   Sí, sí, bebamos en tanto
que se pasa la tormenta,
y con la copa en la mano
la mañana nos sorprenda.
Bebed, y el ceño severo
desembozad.

García   Sí, ¡por Dios!
que veo, huésped, en vos
un bizarro compañero.

Ramiro   Dispuesto a cuanto gustéis,
sea de paz o de guerra.

García   Fama por toda esta tierra
de gran corazón tenéis.

Dicen que en estas montañas
no hay quien os resista un bote,
ni fiera a quien no acogote
vuestro puño.

Ramiro   ¡Bah! Patrañas:
no niego que soy osado;
y cual veis recio y fornido,
jamás me he visto vencido
cuando a reñir me han sacado.
Pero no habléis de ello vos.
Con justador tan famoso,
el jayán más vigoroso,
¿qué tiene que ver?

García   ¡Por Dios,
que a ser como bravo noble,
y príncipe cual vasallo,
jinete en un buen caballo
y con buen lanzón de roble,
en cierta fiesta que espero
dar muy pronto, me holgaría
teneros de parte mía
como al mejor caballero!

Ramiro   Lo siento de corazón,
mas no es posible.

García   Me pesa.

Ramiro   Me he metido en otra empresa
de más especulación.

García   ¿De más? Ignoráis la mía.

Ramiro	Yo nada ignoro, señor.

García	Esto salvo.

Ramiro

        Es un error
que padecéis, don García.

García

Yo no creo a ningún hombre
con sobrehumano poder,
y mal podéis vos saber
lo aquí aún...

Ramiro

        No os asombre;
bien sé que con tanta maña
conducís vuestros secretos,
que aun los que están más sujetos
en la red de su maraña
su parte saben no más
y aunque a soltarse llegara
cualquier nudo, no soltara
el nudo de los demás.
Y está bien; pues de ese modo
contáis seguro vivir.
Mas ¿no hais oído decir
que el diablo lo sabe todo?

García

Voto a...

Ramiro

        ¡Bah! No os enojéis
si en vuestro secreto os hablo;
es porque al cabo, del diablo
ocultarlo no podéis.
Parece que esto que os digo,

algo en vuestro ánimo influye;
mas el vulgo me atribuye
cierto prestigio... ¡Ay, amigo!
¡El diablo es gran personaje!
Y en todas artes maestro,
no hay humano que en lo diestro
ni en lo sabio le aventaje.
Mas ya es hora de dormir;
en lo dicho meditad,
y consecuencia sacad
de aquí para el porvenir.
En esta alcoba tenéis
blanda cama; si queréis,
dadme hora en que se os despierte
para partir a Pamplona.

García   Enviadme a Lucas de Arjona,
y yo haré con él de suerte
que sin que se os incomodo
yo esté servido, y mi gente
esté a hora competente
pronta a lo que me acomode.

Ramiro   Voy a enviárosle, señor.
Dios os guarde.

García   El os asista.

Ramiro   (No te perderé de vista.)

García   (No te escaparás, traidor.)

Escena V
Don García

| García | ¿Quién es este hombre, gran Dios?
| | ¿Será cierto que penetre
| | mis ocultos pensamientos?
| | ¡Imposible! ¡Finge, miente!
| | Mis secretos han vivido
| | dentro de mi pecho siempre,
| | y nadie hay que por mi boca
| | sepa más de lo que debe.
| | Mas ¡por Dios, que sus misterios
| | ciego y confuso me tienen,
| | y sus palabras me abisman
| | en mil varios pareceres!
| | Que me conoce está claro.
| | que me respeta parece;
| | mas tanto en sí mismo fía,
| | que no sé de él lo que piense.
| | ¡No! ¡Imposible! ¡Nada sabe!
| | Sospechas tal vez tan débiles
| | serán, que de conjeturas
| | no han de pasar... Y me advierte
| | que sabe mucho... Me cita
| | la destreza con que siempre
| | me conduzco... ¡Eh! ¡Frase ambigua
| | con que sondarme pretende!
| | ¡Bah! Cree, sin duda, que yo
| | al vulgo crédito preste
| | y por el diablo lo tome.
| | Mas ¡juro a Dios que le pese!
| | ¡Ay de él como entre mis manos
| | a dar por fortuna llegue!
| | Todo su infierno y sus magias
| | contra mí no han de valerle.
| | Sí: fuerza es, de todos modos,

de tal hombre deshacerse;
si ignora, por lo que intenta;
si sabe, por lo que puede.
Mas ¡tarda Arjona!... Si acaso
no me lo envía... ¡Ah! Ya viene.

Escena VI
Don García y Lucas de Arjona

García	¿Qué es esto, Arjona?

Arjona
                              ¿Qué es esto,
señor?

García
            Lo ignoro a estas horas.

Arjona
Y yo también.

García.
                 Ese huésped
con tanta doblez se porta,
que aun me mantiene indeciso
entre el temor y la cólera.
¿Y mis monteros?

Arjona
                Lo mismo
que vos. Han pasado cosas
allá abajo, que del vulgo
las hablillas corroboran.

García
¿Cómo?... ¡Qué dices!

Arjona
                 Que el diablo
parece que cartas toma
en el juego de esta noche.

García	Pues ¿qué pasa?
Arjona	Es una historia.
García	Habla; sepámosla pronto y evitemos...
Arjona	Ante todas cosas, señor, es preciso que sepáis que, con faz torva, cuando hacia aquí me condujo el huésped, me dijo: «Arjona, si en algo estimas tu vida, dile a tu amo que en todas las paredes de esta casa, ojos, oídos y bocas hay, que ven, oyen y cuentan lo que entre ellas pasa».
García	¡Hola! Pues en cuenta lo tendremos. Lucas, por si acaso, ronda por esos cuartos vecinos; en todas las puertas dobla los pasadores; en esa antesala las dos hojas cierra de la puerta, mientras yo voy a ver si en esta otra hay salida o escondite, y luego se hará en la alcoba igual registro, veamos.

(Don García y Arjona entran y salen; don García por la derecha y Arjona por el fondo.)

Arjona

Aquí hay una puerta sola,
sin más ventana ni armario
ni trasto que se interponga;
la pared lisa y no más.

García

(Al fondo derecha.)

Lo mismo pasa en esta otra
cámara; ni en esta alcoba
tampoco hay nada: habla, pues;
ya estamos, Lucas, a solas.
Y cercado este aposento
de cámaras espaciosas
y solitarias, no hay miedo;
conque siéntate, y di, Arjona.

Arjona

Pues atendedme, señor:
tenía yo con mi tropa
toda esta casa maldita
circundada a la redonda,
cuando salió de ella un hombre
y enderezó a mi persona;
díjome que vos pasabais
la noche aquí: en una copa
como un pilón de una fuente,
nos hizo echar una ronda.
Después nos condujo él mismo
a una casucha a ésta próxima,
diciendo que allí tendríamos
que cenar con vuestras sobras,
pues tal era vuestra orden.

García

¡Cuerpo de tal! De mi propia

boca debiste venir
a tomarla.

Arjona   Esa fue cosa
que me ocurrió, mas no pude
ponerla, señor, por obra.
Me sentaron a la mesa,
trajeron con qué hacer boca,
y el que hacía de Anfitrión
no me dejó a Sol ni a sombra.
Yo ya intenté a la deshecha
colarme por una y otra
cámara, mas él siguiome
como sirviéndome. Sorda
desde entonces la sospecha
me royó el alma. Así toda
la casa anduvimos ambos,
y a nadie topé. Una olla
de agua al fuego vi no más
en la cocina, y seis lonjas
de jabalí en las parrillas:
¡para cuarenta, gran cosa!
Mas ¡juzgad de mi sorpresa
cuando vi que una tras otra
sirvieron ricas viandas
y buen vino en tazas hondas!

García   Es que tendrán las cocinas
en otra parte.

Arjona   Es que ahora
viene lo mejor: la mesa
nos la serviría una moza
como un Sol.

García	Pues ¡gran pedrada!
Arjona	Mas como las licenciosas lenguas de vuestros monteros al momento se desbocan, empezaron a hacerse agua con la niña.
García	Y vergonzosa, ¿se os escabulló?
Arjona	Y aquí entra, lo más negro de la historia: en su lugar a servirnos entró, bajo horrible forma...
García	¿Alguna vieja?
Arjona	Peor: el mismo diablo en persona; un etíope, con la cara más oscura que la sombra. Quedámonos como piedras, pues nos trajo a la memoria las consejas que se cuentan de esta casa; mas Luis Torras, que tiene un vino insolente y un alma como hay muy pocas, le preguntó por la chica. El etíope, a la boca se llevó la luz, y abriéndola, nos mostró las fauces rojas, mas sin lengua. En esto el huésped

entró, y héme aquí.

García

              Me asombra
tu relato, tanto más,
cuanto que aquí he visto cosas
que me dan que sospechar
alguna traición, Arjona.

Arjona

¡Cómo!

García

       Al instante, es preciso
que de esta casa salgamos,
y a sus dueños sorprendamos.

Arjona

Mas sin que demos aviso
a la gente...

García

           ¿Es muy distante
donde se aloja?

Arjona

          Si fuera
posible que yo saliera
de aquí, todo era un instante.
Están en unas paneras
a este edificio contiguas.

García

Bueno: a tus mañas antiguas
vuelve; ¿escalador no eres?

Arjona

Me llevaba en su partida
vuestro padre en los asaltos.

García

Ea, pues, mayores saltos
habrás dado en esta vida.

Salta por esa ventana.

Arjona

Pero, señor, ¿y la reja?

García
(La rompe.)

Es de palo, y está vieja.
Ya está rota; tierra gana
en cuanto afirmes el pie,
y ven con mi gente a mí.

Arjona

Pero ¿y vos?

García

Tranquilo aquí
vuestra vuelta aguardaré;
que es muy astuto el patrón,
y es fuerza que le imitemos
si salir bien pretendemos.

Arjona

Príncipe, tenéis razón.

García

Si vuelves, los más bizarros
mete por aquí conmigo;
queden los demás contigo,
y Cristo con los navarros.

Arjona

Voy, pues.

(Baja por la ventana; don García le ayuda.)

García

Arjona, con tiento.

(Aparece don Ramiro por el fondo derecha.)

Arjona

Soltadme; ya estoy seguro.

García	Ve, que con el huésped, juro
	que he de hacer un escarmiento.

Escena VII
Don García y Don Ramiro

Ramiro	Decidlo bajo.
García	¡Gran Dios!
	¿Vos aquí?
Ramiro	Viéndolo estáis.
García	Mas ¿cómo? ¿Por dónde entráis?
Ramiro	Por dónde, no es para vos.

Tratáis de iros, don García;
en buen hora, libre os dejo;
mas escuchadme un consejo
que os interesa, a fe mía.
Hay un hombre que os espía,
que sabe cuanto intentáis,
que os escucha cuando habláis,
que cuanto pensáis sorprende,
que os penetra y os comprende
aun lo que a solas soñáis.
Mirad, pues, lo que emprendéis,
porque si no andáis con tino,
en vuestro mismo camino
es fuerza que os le encontréis.
Y sé que a nadie teméis,
que alienta sangre Real
vuestro valor proverbial;
mas mirad que hay experiencia

de que es la mala conciencia
el contrario más fatal.

García

Pues conoces mi valor
y estás viendo que te escucho,
verás que no temo mucho
tu vaticinio impostor.
No, no me infunden pavor
las extrañas aventuras
de que con artes oscuras
me has hecho el juguete aquí,
pues cuanto sepas de mí
no serán más que imposturas.

Ramiro

¿Queréis que hora a hora os cuente
cuanto hoy por vos ha pasado?

García

¡Va!

Ramiro

    Pues bien: ¿no habéis estado
hoy en la ermita del puente?

García

Sí.

Ramiro

    ¿No habéis a vuestra gente
puesto y día señalado?

García

Sí.

Ramiro

    ¿No enviasteis a cada uno
un emisario diverso,
para que en un caso adverso
no lo pierda todo alguno.

García	Sí.
Ramiro	¿No es la última señal para que rompan la valla, el caballo de batalla y el paramento Real de vuestro padre?
García	¡Ah!
Ramiro	Si en él salís jinete a pasearos, al volver, ¿no han de aclamaros rey de Navarra?
García	Sí.
Ramiro	Y fiel vuestro bando a estas señales, ¿no estará en tranquilidad si salís por la ciudad sin los paramentos Reales?
García	Sí.
Ramiro	Y la Reina, vuestra madre, que es quien os estorba solo, ¿no acaba de ser con dolo acusada a vuestro padre...
García	¡Cielos!
Ramiro	De un crimen horrible de adulterio?

García	¡Santo Dios!
Ramiro	Y el acusador sois vos..., que me parece increíble.
García	Sí, todo es cierto.
Ramiro	¡Pardiez! En ese caso, señor, estudiad para otra vez vuestro papel de traidor.
García	Pesadilla, espectro, u hombre que mis secretos más graves cual yo mismo lees y sabes... ¿quién eres? ¿Cuál es tu nombre?
Ramiro	¿Confesáis que cuanto os hablo es la verdad, don García?
García	Sí.
Ramiro	Pues soy desde este día vuestro ángel o vuestro diablo. Doquiera tras vos iré, uniré a vos mi destino, vuestro malo o buen camino, diablo o ángel, seguiré.
García	¡El diablo! Invención grosera que solo en el vulgo cabe; mas oye, quien tanto sabe, fuerza es que me mate o muera.

	Nadie me amedrenta, no;
	puédeme el diablo vender,
	y aquí el diablo ha de caer,
	o aquí bajo él caeré yo.

Ramiro   Tened: caerá uno, sí,
                  mas advertid, don García,
                  que ni hoy ha de ser el día,
                  ni el sitio ha de ser aquí.
                  Por esa noble matrona
                  tiempo vendrá en que lidiemos,
                  y uno de los dos caeremos.

García   (Con la espada en la mano.)
                  Cúbrete, pues.

Ramiro   No; en Pamplona.

(Don Ramiro al fin de esta escena se habrá ido retirando al fondo hacia la puerta por donde salió, la cual cierra de repente, dejando a don García solo en la escena. Al mismo tiempo sale por fuera de la casa Arjona con monteros y caballerizos, con armas y antorchas. Don García se abalanza a la puerta por donde entró don Ramiro, y Arjona sube al mismo tiempo por la ventana, y varios tras él.)

Escena VIII
Don García, Arjona y Monteros

Arjona   (Entrando por la ventana.)
                  ¡Señor!

García   ¡A mí, Arjona, a mí!

Arjona   ¡Sus, pues! ¡Arriba!

García   Seguro
le tengo aquí, y yo le juro
que le he de matar aquí.

Arjona   Dad..., dad...

(Se agolpan a la puerta, golpeándola.)

                         Cede... Cayó ya.

García   Traedme, pues, a ese traidor.

Arjona (Entra y sale.) Aquí no hay nadie, señor.

García   ¡Cómo!

Arjona   Vedlo; aquí no está.

García   ¡Ira de Dios! ¡Con tal juego
pretende causarme asombro!
Toda la casa en escombro
tornaré. ¡Pegadla fuego!

Arjona   ¡Señor!

García   ¡Silencio, menguados:
esas teas arrimadla
sin replicar; incendiadla
por todos cuatro costados!
¡Fuera, pues: pronto! ¡Cercadle
la casa! ¡Si se presenta,
atadle por buena cuenta;
mas si resiste, matadle!

(Pegan fuego a la casa, salen y la cercan en derredor.)

Veremos si trampantojos
le valen: io ha de salir,
o aquí dentro va a morir
con las ascuas a los ojos!

Acto II

Salón del palacio de don Sancho en Pamplona: puerta en el fondo; ventana a la derecha; puerta a la izquierda.

Escena I

Don García. Después Arjona

García	Ya va la mañana entrando y aun no parece ese hombre.
Arjona	Señor...
García	¡Ah! ¡Gracias a Dios! ¿Cómo estamos?
Arjona	Como anoche. Desplomáronse uno a uno los tostados paredones.
García	¿Y qué?
Arjona	Nadie ha parecido; conque quedan los traidores debajo de los escombros como bajo siete montes.
García	¿No hay, pues, temor?
Arjona	No hay ninguno.
García	¡Ay! Una losa de bronce me quitas el corazón; somos salvos.

Arjona   Se supone.
Nadie salió de las llamas,
ya lo visteis; desde entonces
doblé las guardias en torno,
y ahora los muertos tizones
revuelve la gente nuestra,
de Luis Torras a las órdenes.
Todo lo están registrando,
y con todo cuanto logren
les mandé venir al punto.

García   Bien, Lucas.

Arjona   ¡Vaya una noche!
Cosa de magia parece.
¡Si vierais cuántos sudores
me costó hacerlos que entraran
a revolver los carbones!
Todavía se temían
que aquel espantoso etíope
de los escombros se alzara,
con su amo dando mandobles.

García   ¡Mas si se salvó!...

Arjona   ¡Imposible!
La casa encima cayole,
y él, viéndose descubierto,
allí achicharrar dejose
por no dar en nuestras manos.

García   ¡Ojalá!

Arjona   Dios le perdone.

44

Mas ¿tanto ese hombre estorbaba?

García	Era muralla de bronce puesta a mi paso: mis planes exactamente conoce.
Arjona	¡Cómo!
García	Todos me los dijo.
Arjona	Si él era solo, temores vanos desechad del alma, y no receléis que torne. Allí yacerá enterrado entre los negros terrones, como a un raposo a quien ciegan su cueva los cazadores.
García	Arjona, todo lo temo de aquel maldito.
Arjona	Aprensiones, señor; los muertos no vuelven al mundo más.
García	Me corroen el corazón hasta ahora desconocidos pavores, y... Arjona, ya no hay remedio; fuerza es que hoy mismo se logre o se pierda todo. Tú sé el escondido resorte que mueva toda la máquina de mis proyectos. Ve, corre,

busca a los que en ese escrito
llevan marcados los nombres,
que éstos buscarán a otros,
y éstos a otros, y el golpe
será seguro; ve y diles
que treguas ni dilaciones
no hay ya; que hoy es nuestro día,
y ya la seña conocen.
El caballo de batalla
de mi padre...

Arjona   ¿Y si se opone
don Pedro Sesé?

García   ¡Oponerse!

Arjona   Como está solo a sus órdenes
la caballeriza Real,
y al partir recomendole
mucho el Rey ese caballo,
es muy fácil que os lo estorbe.
Cambiad la seña.

García   No hay tiempo.
Ya imposible es que trastorne
de la concertada empresa
las señales ni las voces:
fuera arriesgarse por poco,
y pueden algunos torpes...
No, están en lo del caballo,
y temo que se malogre
si los mudo la señal.

Arjona   Mas si ese viejo de bronce,

os rehúsa...

García   Está previsto:
de mi padre espero orden
de prenderle con la Reina.

Arjona   ¡Cómo!

García   De un crimen enorme
son reos.

Arjona   Pero ¿eso es cierto?

García   Eso no te corresponde
averiguar: obedéceme
sin meterte en más cuestiones.

Arjona   Señor...

García   Si Sesé se obstina,
sin aguardar a la orden
de mi padre, los acuso
en público, y acabóse.
Ea, pues, de aquí a una hora
que todo, Arjona, se apronte.

Arjona   Así se hará.

García   Corre, pues,
y ¡el diablo con los mejores!

Escena II
Don García

García	Sí, acabemos de una vez.
	Ello es gran temeridad,
	mas quedarse en la mitad
	es mayor estupidez.
	Ser a un tiempo acriminado
	de rebelde y de impostor
	por haberlo sin valor
	decidido y no logrado,
	es mengua para quien soy.
	Si me es contraria la suerte,
	y en vez del trono a la muerte
	caminando a oscuras voy,
	sea por mala fortuna,
	que no por falta de brío.
	Mas si al fin el triunfo es mío
	y la ocasión oportuna
	logro aprovechar, ¡pardiez!
	siempre es la causa mejor
	la causa del vencedor...
	Sí, acabemos de una vez.

Escena III

Don García y don Pedro Sesé

Pedro	¡Hola! ¡Vos aquí ya!
García	Buen caballero,
	don Pedro de Sesé, muy bien venido.
Pedro	Anoche...
García	(Interrumpiéndole.)
	Sí, cogiome el aguacero
	en el monte.

48

Pedro	Y ¿en dónde habéis dormido?
García	En casa de un labriego.
Pedro	¿Compensado tal molestia le habréis?
García	¡Oh! Se supone.
Pedro	Vuestro padre es en eso...
García	(Interrumpiéndole.) Harto extremado.
Pedro	Bueno es que a un rey lo liberal le abone: vale más por afable ser querido, que por severo y sin piedad temido.
García	Y a propósito de ello, ¿qué noticias hay de mi padre?
Pedro	Como siempre, buenas: las estrellas le son siempre propicias, y se lleva las huestes agarenas por delante.
García	Y ¿no hay más?
Pedro	¿Poco os parece?
García	Yo no sé dónde oí...
Pedro	¿Qué?

García

       Que en los reales
de día en día el descontento crece
por yo no sé qué nuevas...

Pedro

      Muy fatales
no serán, pues vencemos.

García

      De esta tierra
el Rey las recibió, no de su guerra.

Pedro

¿De esta tierra?... No sé...

García

      Lenguas villanas
le pusieron acaso descontento
con vuestro gobernar.

Pedro

      Calumnias vanas.
La Reina y yo podremos al momento
cuentas sin tacha dar.

García

¿Cuentas... de todo?

Pedro

De todo, ¡vive Dios! ¿Quién tiene duda?
Soy don Pedro Sesé...

García

      Mas de ese modo
no os irritéis, que esa ira al vulgo ayuda
a creer que, pues tanto os acalora
la duda nada más, poco os escuda
la inocencia.

Pedro

     Lo sé.

García	Y decidme ahora, ¿cómo acudís tan pronto a este palacio
Pedro	Despacha aquí la Reina mi señora.
García	¡Oh! ¡Pues no lo tomáis poco despacio!
Pedro	Caballero, ese tono...
García	Caballero, el vuestro me incomoda, y de hoy presente tened que soy el Príncipe.
Pedro	Primero vos recordad que vuestro padre, ausente, su Real autoridad dejó en mi mano.
García	Mas no os dejó ¡pardiez! por ayo mío, ni sufriré jamás que un cortesano con orgullo me trate o con desvío. ¿Lo entendéis? Del gobierno los negocios despachad con la Reina, si esto os toca; placer buscadla, entretened sus ocios; mas, Sesé, en cuanto a mí, cosed la boca.
Pedro	No os comprendo muy bien; mas temo acaso que una sospecha injusta en contra mía os anima. Si he dado algún mal paso, que marcarais en qué desearía. Tal vez remedio tenga.
García	Basta.
Pedro	Espero

que, pues nunca cual hoy me habéis hablado
sabréis...

García   Ya basta digo, caballero;
no estoy a daros cuentas obligado.

Escena IV
Dichos. La Reina, pajes y damas

Reina   ¿Qué es esto, don García? Ese sonrojo,
Sesé, que el rostro trémulo os colora...
¿Qué es esto? ¿Os ha causado algún enojo
el Príncipe?

Pedro   ¡A mí enojo! No, señora;
antes mi indiscreción se le ha causado,
y de mi error disculpas le pedía.

Reina   De ese modo lleváisle perdonado;
yo os le otorgo, Sesé, por don García.

García   ¡Oh! Si vos lo tomáis por vuestra cuenta,
dad por zanjada ya nuestra rencilla.
¿Qué importa si el vasallo se acrecienta
con vuestro Real favor?... Si a mí me humilla,
es disfavor de madre y no me afrenta.

Reina   Mal lo entiendes, García: si al olvido
la falta quiero dar del caballero,
yo el perdón no lo otorgo, te le pido.
En ausencia del Rey que haya no quiero
bando ni enemistad bajo su trono;
si te faltó, su falta le perdona,
que don Pedro es leal y yo le abono.

García	¿Lo oís? La Reina contra mí lo abona.
	No hablemos de ello más.
Reina	¿Qué significan,
	Príncipe, esas palabras? Me parece
	que contra vos tan solo testifican.
García	Perdonad; basta ya, que no merece
	la cuestión tanto tiempo.
Reina	Bien, García,
	no se hable en ello más. Ahora sepamos
	qué negocio a mi cuarto te traía.
García	Poca cosa, señora...
Pedro	Si estorbamos...
García	No, lo podéis oír; es un servicio
	que hacer voy a mi padre, pero siendo
	en mengua de quien debe tal oficio
	desempeñar, que lo sepáis pretendo
	antes de hacerle.
Reina	Tu respeto aprecio.
	Habla.
García	Cuando mi padre fue a la guerra,
	un caballo dejó de tanto precio,
	que no se vio mejor en esta tierra.
Reina	Regalo fue del cordobés aliado.

García	Pues bien; ese caballo tan hermoso,
	y de mi padre el Rey tan estimado,
	va a perderse tal vez; fiero, brioso,
	siempre establado está, y de día en día
	va menguando en valor.

Pedro	¡Oh! Perdonadme;
	ese hermoso caballo, don García...

García	Estoy hablando, concluid dejadme.
	Del Rey caballerizo, más en cuenta
	le debisteis tener; mas tal descuido
	quiero encubriros yo.

Pedro (Aparte.)	(¿Qué es lo que intenta?)

García	Señora, ese caballo yo os le pido.

Pedro	Señora, ese caballo a don García
	es imposible dar. Si el Rey su padre
	lo llegara a entender, se enojaría.
	Cómo estima sabéis, cuánto cuidado
	pone en caballos y armas un guerrero;
	y en esto el rey don Sancho es extremado.

García	Por la misma razón, buen caballero,
	cuando sepa que tanto se lo cuido,
	las gracias me dará; conque, señora,
	que me neguéis no espero lo que os pido.
	A nadie en ello expongo,
	porque de gran jinete alcanzo nombre;
	y aunque mi padre el Rey ha prohibido
	que le montara nadie, yo supongo
	que hablar con don García no ha querido.

Pedro	Señora, es mi deber, y yo os lo advierto;
	vedado es para todos tal antojo,
	y el caballo está sano.
García	Falso.
Pedro	Cierto.
	Perdonad que os desmienta.
García	¡Tal arrojo!
	¡Me desmentís! ¡Por Dios, Reina y señora,
	que para que aboréis tanta insolencia,
	no sé qué traza intentaréis ahora!
	Porque poneros aun en contra mía,
	querrá decir que vale un cortesano
	mucho más para vos que don García;
	y en tal caso, tal vez me acordaría
	que heredero soy de un Soberano.
Pedro	¡Príncipe!
Reina	Basta ya; cuestión tan leve
	no merece ocuparnos. Del caballo
	responderé yo al Rey; peligro no hallo
	en que mientras el Príncipe le lleve.
Pedro	Yo me someto humilde a vuestro fallo.
García	Yo las gracias os doy; y pues ya es mío,
	que me le ensillen sin tardanza alguna
	voy a hacer en señal de señorío.
	(Y ahora cada cual con su fortuna.)

Escena V

La Reina y don Pedro Sesé

Reina	Despejad el ceño adusto buen caballero Sesé.
Pedro	No sé, señora, por qué siento que le deis tal gusto.
Reina	El Rey a vos le ha pospuesto para el gobierno en su ausencia, y temí la violencia de su natural en esto. Y ¿qué importa que el corcel monte, y que cumpla su antojo? ¿Teméis de Sancho el enojo? Yo os disculparé con él.
Pedro	No es ese temor pequeño lo que me anubla el semblante; el servidor más constante fui siempre del Rey mi dueño, y él me sabrá disculpar. Mas esa doblez y embozo con que está obrando ese mozo, me da mucho que pensar.
Reina	Es claro que anda ofendido de que el Rey, en mengua suya en su puesto os sustituya.
Pedro	Pues razón habrá tenido; que es don Sancho harto sagaz,

y en paz lo mismo que en guerra,
para gobernar su tierra
no hay príncipe más capaz.

Reina

Mas ¿qué hará con el caballo?
Todo lo que puede hacer,
es maltratarle, por ver
si os castiga el Rey. Dejallo,
don Pedro, andar, que por esto,
mientras por medio yo ande,
no ha de ser el mal muy grande
para vos.

Pedro

Mas si es pretexto
para que él...

Reina

Quédese aquí,
Sesé.

Escena VI
Dichos y un Paje

Pedro

¿Qué es?

Paje

Señor, afuera
hay un hombre que hora espera
de ver a la Reina.

Reina

¿A mí?

Paje

Diz que para un grave asunto
que vida y honra interesa,
y es negocio de tal priesa,
que pide veros al punto.

Pedro	Y ¿de qué clase es ese hombre?

Paje	Él viste de peregrino; yo le pregunté su nombre, y él me dio este pergamino.

(Se le entrega a don Pedro, y éste lee.)

Reina	A ver, leed.

Pedro	Dice así:

«Nos el rey don Sancho de Navarra, rogamos y mandamos a nuestros amigos, aliados, súbditos y vasallos, que ayuden, amparen y protejan, y den crédito a la persona que este escrito de nuestra mano les presentare; con lo cual, a más del placer que habrán de reportarnos, nos ayudarán a cumplir una deuda de honor que tenemos contraída con la persona o personas poseedoras de las presentes letras.»

Y firma Sancho el mayor.

Reina	¿Deuda del Rey y de honor? Al punto, pues, que entre aquí.

Escena VII
La Reina, don Pedro y don Ramiro, de peregrino

Ramiro	A vuestros pies...

Reina	Levantaos, buen Romero, que quien trae

firma del Rey en su abono,
en postura semejante
no ha de estar ante su esposa.

Ramiro   Esas palabras Reales,
de su mismo puño escritas,
mi importunidad reparen.

Reina   El habla en vos; alzad, pues.

Ramiro   Primero que me levante,
vuestra Real mano, señora,
para que la bese dadme.

Reina   Tomad, y hablad.

Ramiro   Gracias, Reina;
y esta humildad no os extrañe,
que nací vasallo vuestro,
y aunque jamás el semblante
logré hasta este punto veros,
de él he llevado una imagen
en el corazón grabada,
y ya nunca ha de borrarse.

Reina   De ese respeto agradezco
demostraciones tan grandes,
pero...

Ramiro   Escuchadme, señora,
y vos también escuchadme,
caballero, que a la par
os toca a ambos mi mensaje.

Pedro	Decidle, pues.
Ramiro	Duro cargo me impuse en él, y es probable que el corazón generoso mis palabras os desgarren; mas el mal que voy a haceros, por la intención disculpadme. Tenéis un hijo, señora, por cuyas venas, la sangre de vuestras venas circula.
Reina	Tengo dos.
Ramiro	Uno distante de Navarra está; no es ése de quien hablo; no es culpable. Al príncipe don García me refiero, cuyos planes, hondo y fatal precipicio hoy a vuestras plantas abren.
Reina	¿Qué es lo que dices?
Ramiro	Oídme.
Reina	Explícate, pero antes piensa bien que una impostura la vida puede costarte.
Pedro	Proseguid, buen peregrino; dejad, señora, que hable.
Ramiro	¡Oh! Sé muy bien lo que digo.

60

¡Pluguiera a Dios me engañase!
Yo, que en los vecinos montes
hago una vida salvaje,
entre sus quebradas peñas
y sus fieras montaraces,
por azar, por suerte vuestra,
o por los impenetrables
juicios de Dios, vine astuto
de sus tramas infernales
a coger todos los hilos,
y vengo todos a dárosles
antes que os teja con ellos
traidora red un infame.

Reina   ¡Oh! Concluid.

Ramiro   Don García
conspira contra su padre.

Reina   ¡Cielos!

Ramiro   Y como su intento
ambos a dos le estorbabais,
dio en un delito más pérfido:
os acusó el miserable
de un feo crimen.

Reina y Pedro   ¿De cuál?

Ramiro   Permitidme que lo calle.

Reina   No, hablad.

Ramiro   Del que no perdona

jamás un esposo amante,
del que asesina la honra
de quien con vergüenza nace.

Pedro   ¡Dios mío! Ya me esperaba
que algún proyecto execrable
encerraba la sonrisa
y la mirada insultante
de ese mancebo.

Reina   Tú mientes.
Tamaño crimen no cabe
en el corazón de un hijo.
Que a ese vasallo acusase
de cualquier crimen, lo entiendo,
porque en su lugar, su padre
por gobernador conmigo
le dejó, y sé que ha de odiarle;
pero ¿a mí? ¡Mientes mil veces!

Pedro   ¡Ay, Reina! El estrago que hace
en el corazón del hombre
la ambición, solo lo sabe
Dios, que nos le hizo de tierra
tan quebradiza y tan frágil.

Reina   Es imposible, don Pedro;
es increíble, improbable,
y este impostor dura muerte
merece. ¡Hola, guardias, pajes!

Pedro   Tened, señora, tened
los ímpetus naturales
del corazón. Vos seguid,

Romero, sin que os agravie
ni atemoricen sus iras.
Es natural, es su madre.

Ramiro   A mí sus iras no pueden
amedrentar ni agraviarme,
cuando no hay tales secretos
quién sepa ni quién relate
fuera del Príncipe y yo,
ni hay tal vez tampoco nadie
más pronto a morir por ella
cuando otras pruebas faltaren.

Reina   Pues bien; pruebas convincentes
presenta pronto, al instante,
o te hago ahorcar de una almena
como a un impostor infame.

Ramiro   No haréis tal, Reina y señora,
por dos razones.

Reina   ¿Por cuáles?

Ramiro   La primera, porque el Rey
tal vez no os lo perdonase
jamás.

Pedro   ¡Vive Dios!

Ramiro   La otra
es, porque cuando yo os falte
faltará quien os defienda,
y os pesaría, aunque tarde.

Reina	Mas ¡por Dios!, que sin más pruebas de delitos semejantes, ¿bajo qué crédito quieres que tu palabra me baste?
Ramiro	Basta y sobra el pergamino que del rey don Sancho traje.
Reina	Tienes razón. ¡Cielo santo! Él manda aquí, que te ampare, que te proteja y dé crédito.
Ramiro	Y su firma, ¿no es bastante?
Reina	Sí, sí; cuando el Rey te abona, razones tendrá muy graves.
Ramiro	Don García, ¿está en palacio?
Pedro y Reina	Sí.
Ramiro	Pues ante vos llamadle y decidle que el caballo de batalla de su padre habéis de matar primero, que que le monte dejarle.
Reina	Romero, tú estás sin juicio.
Pedro	Dejadle hablar.
Ramiro	Por mi parte cumplí mi deber, señora, obrad como más gustareis;

mas si le dais el caballo,
tal vez esta misma tarde
veréis para vos trocadas
vuestras cámaras en cárceles.

Reina   ¿Qué dices?

Ramiro   Esa es la seña,
y pues sobran desleales
en todas las tierras, siempre
dispuestos a rebelarse,
el Príncipe se ha sabido
atraer por todas partes
muchos secuaces que esperan
medrar con sus novedades.
Todo está ya prevenido,
y si en el caballo sale,
fuerza es que en él suba Príncipe,
mas Rey de Navarra baje.

Reina   Imposible me parece.

Pedro   Señora, por Dios, llamadle,
y procurad con palabras
meditadas y sagaces
leer lo cierto en su rostro,
el corazón penetrarle.
Todo es posible, señora,
y en los hombres todo cabe.

Reina   Sí, sí, que venga, que venga;
mas sola con él dejadme:
no quiero que alma viviente
presencie lo que aquí pase.

Pedro   Pero si es cierto..., si intenta...

Reina   No: esperad a que yo os llame.

Ramiro   Enhorabuena, señora,
mas no olvidéis, en tan grave
situación, que tengo solo
de sus secretos la llave,
y que estoy pronto por vos
a verter toda mi sangre.

Reina   Y no olvides tú tampoco
que como inocente le halle,
en ti caerá la sentencia
del crimen que le imputaste.

Ramiro   Ponedme de él frente a frente,
que acepto, si él lo negare.

Reina   Luego ¿os conoce?

Ramiro   Una vez
no más me ha visto el semblante,
y oyó una vez mi palabra,
mas lo olvidará muy tarde.

Escena VIII
Dichos y el Paje. Don Pedro ha salido ya de la escena

Paje   El Príncipe.

Reina   Ya no es tiempo
que salgáis, va a veros.

Ramiro	Fácil
	es esto de remediar:
	de sus ojos ocultadme.

Reina	Entrad aquí.

(Entra don Ramiro en la habitación de la Reina.)

Ramiro	Sed prudente.

Reina	¡Justicia de Dios, ampárame!

Escena IX
La Reina y don García

García	¿Qué es lo que ocurre, señora,
	que con tal prisa y afán
	tras mí vuestros pajes van?
	¿Qué pasa de nuevo ahora?
	Un momento ha me tuvisteis
	con vos en este lugar,
	¿y ahora me tenéis que hablar?
	¿Por qué entonces no lo hicisteis?

Reina	Porque entonces no sabía
	lo que ha llegado después
	a mis oídos.

García	Y ¿qué es?

Reina	Lo sabrás.

García	¡Por vida mía,

será otro cuento del viejo
Sesé! Vasallo más fiel
no tenéis; nada sin él
podéis, ni sin su consejo.
Sois con él harto benigna,
Y le otorgáis tal franqueza,
que a ser su privanza empieza
de una noble dama indigna.

Reina   ¡García!

García   No os irritéis,
madre; mas que haya un vasallo
que se meta en si un caballo
darme o no darme debéis,
y que pueda más con vos
que el hijo de vos nacido,
es cosa que me ha ofendido
y que me extraña, ¡por Dios!

Reina   Y ese insolente lenguaje
me está ya haciendo, García,
sospechar que no te hacía
quien te acusó grande ultraje.

García   Quien me acusó...; pienso quién:
Sesé, sin duda...

Reina   Él, u otro.

García   ¿De haberos pedido el potro?

Reina   Pues.

García	¿Lo quería él también?
	Yo que vos, se le daría,
	que entre él y yo, él es primero.
Reina	Diérasele al pregonero
	antes que a vos, don García.
García	Lo que con vos puede veo;
	pero ya es mío, señora,
	y a demandármele ahora
	que no habrá quien ose creo.
Reina (Con ironía.)	¿Le has elegido tal vez
	por su nobleza y vigor,
	para algún campo de honor
	o alguna lid de gran prez?
García	No sé qué misterio encierra
	vuestro tono, mas me temo
	que estamos en el extremo
	de la paz o de la guerra.
Reina	Eso depende de ti:
	las frases que a salir van
	de tu boca, esas serán
	tu ley.
García	Pues oídlas.
Reina	Di.
García	Hombre soy ya, y soy tan hombre,
	que decir bien alto puedo
	que en Navarra ha puesto miedo

de mi valor el renombre.
De un reino heredero soy,
prenda de mi Real linaje,
y me cansa tanto ultraje
como recibiendo estoy.
Mi padre el Rey me desprecia,
de su sangre en desacato,
por un viejo mentecato
que de leal se le precia.
Y él, y vos, y todo el mundo
me faltáis al descubierto;
pero de hoy más, os lo advierto,
no quiero ser el segundo.
Me harta ya ver que el cariño
paternal, para mí escaso,
me desaira a cada paso
como mientras era niño.
Y pues el cielo lo ha hecho
y he nacido Real infante,
madre, de aquí en adelante
yo sostendré mi derecho.
Nadie ha de ir sobre mí
siendo yo el hijo del Rey,
así lo dice la ley,
y yo he de exigirlo así.

Reina   Pues mientras esté en mi mano
del rey don Sancho el poder,
vos tendréis que obedecer
mi capricho soberano.

García   No os halague esa esperanza,
que no he de ser un pechero
que sirve de aventurero

a quien le compra su lanza.
No, ¡vive Dios! Ya a caballo
y empeñado el trance fiero,
veremos quién es primero,
veremos quién el vasallo.

Reina

¡Insensato! No tendrás
ni un corcel mientras yo viva
que en sus lomos te reciba,
y el de don Sancho, jamás.

García

No tanto, por vuestra vida,
blasonéis de bríos, madre,
que solo el Rey es mi padre,
y cuando cuentas os pida
del poder con que os dejó,
veremos qué cuentas dais.

Reina

Más cumplidas que esperáis
se las daré.

García

           Tal vez no.

Reina

¡Basta, traidor, basta ya,
que la verdad sin rebozo
en tus ímpetus de mozo
revelándoseme está!

García

¡Señora!

Reina

          ¡Traidor, responde
sin turbarte ni mentir:
¿adónde intentas hoy ir
con ese caballo?

García	¿Adónde? Y ¿qué os importa?
Reina	Tu cara palidece: el corazón, García, te hace traición, y por la faz te declara. Silencio: bien manifiesta tu infamia veo.
García	Acabemos de una vez.
Reina	Acabaremos si tienes una respuesta. ¿Qué viste, villano, en mí, para osar torpe a mi honor?
García	¡Cielos!
Reina	¿Qué viste, traidor, para mancillarme así?
García	¡Rayos del cielo! No más añadáis... ¡Oh! Me han vendido. Mas si creen que he sucumbido, se engañaron...; no, jamás. Ya es tarde para ceder; dijo bien quien tal os dijo, sí, que a luchar madre e hijo van, poder contra poder.
Reina	Miente quien diga que tú eres

de la sangre de mis venas
nacido, miente; las hienas
no nacen de las mujeres.
Rebelde y calumniador,
yo te ganaré la mano.

García   Débil mujer, será en vano
todo ese inútil furor.
Ya hemos saltado la valla
ambos a dos, ya nos hemos
conocido, y no podemos
rehusarnos la batalla.
Veamos quién vencedor
sale de entrambos ahora.

(La Reina va hacia la puerta para llamar a su gente, diciendo:)

Reina   Veamos. ¡Hola!

(El Príncipe lo ataja el paso, y corre el cerrojo a la puerta.)

García   Señora,
teneos.

Reina   ¡Cómo, traidor!

García   Ya no hay más voz que la mía:
para vos, de este, momento
es prisión vuestro aposento.
¡El rey aquí es don García!

Reina   ¡Miserable! ¿Presa yo?

García   Presa por el rey, por mí.

Reina	¿Tú rey de Navarra?
García	Sí.
Ramiro	(Presentándose.) ¿Rey? ¡Bah! Todavía no.

Escena X
La Reina, don García y don Ramiro

García	¡Ira de Dios! ¡Aquí tú! ¡Todo lo comprendo ya! Mas caro a costarte va tu farsa de Belcebú.
Ramiro	¿Qué hará en mí vuestro furor?
García	Velo, pues.

(Bajando hacia don Ramiro, y abandonando la puerta.)

Ramiro (A la Reina.)	Abrid ahí.
Reina (Abriendo.)	¡A mí, navarros, a mí! Sujetad a ese traidor.

(Los caballeros sujetan a don García.)

Escena XI
La Reina, don García, don Pedro, don Ramiro, caballeros y pajes

Ramiro	Ya veis, la jugada es diestra; vos a mi casa habéis ido

a quemarme, y yo he venido
a prenderos en la vuestra.

García   Hombre fatal, cuya sombra
va por doquier que voy yo,
¿quién del fuego te libró?

Ramiro   Concibo lo que os asombra
mi presencia, don García,
mas ya os dije mi poder.

García   ¡Ay si llegas a caer
en mis manos algún día!

Ramiro   Vuestro coraje presumo;
mas ¿qué os valdrá ese furor?
De entre las manos, señor,
se va el diablo como el humo.
Humillaos; no hay más medio,
pues mientras yo ande en la danza
no tenéis otra esperanza,
ni hallaréis otro remedio.

García   No creo en la omnipotencia
de que convencerme quieres;
mas sierpe astuta, ¿quién eres?

Ramiro   Soy...

García   ¿Quién? ¿Quién?

Ramiro   Vuestra conciencia,
vuestra sombra, vuestro juez,
mientras sigáis vuestro empeño;

pesadilla en vuestro sueño,
y vuestra muerte tal vez.

(Va a salir, y la Reina le detiene.)

Reina   Teneos: vos, por quien fue
hoy Navarra libertada,
decid, ¿a quién obligada
quedó? ¿Quién sois?

Ramiro   No lo sé.

Reina   Mirad que en palacio entrado
os habéis bajo un disfraz,
y quien oculta la faz
no muestra ser muy honrado.

Ramiro   Aun cuando fuera un bandido
quien tal beneficio os hace,
bien, señora, os satisface
quien salvaros ha sabido.
Si en vuestro palacio entrara
con el rostro descubierto,
al dintel le hubieran muerto
para que a vos no llegara.
Y en fin, recordaros quiero,
en favor de mi persona,
que pues don Sancho me abona,
soy sin duda un caballero.

Reina   Tenéis razón: e imagino
que en guardaros la tendréis;
mas si algo de mí queréis...

Ramiro	Sí, volvedme el pergamino.
Reina	Tomadle.
Ramiro	Y si en premio ahora de mi lealtad le firmáis...
Reina	Sí, por cierto; ahí le lleváis.
Ramiro	Dios os lo premie, señora.
Reina	Id en paz.
Ramiro	Y si algún día os halláis tan apretada que os haga falta una espada, acudid, Reina, a la mía. Paso, caballeros.
Reina	Paso al que en nombre del Rey va.
Cortesanos	¡Le abona el Rey!
Pedro	¿Quién será?
García	¡Ay, Dios! Mi desdicha acaso.

Escena XII
Dichos, menos don Ramiro

Reina	García, mientras envío a don Sancho está noticia, en poder de la justicia

77

quedaréis.

| García | Fue sino mío |
| | sucumbir, y aunque lo lloro, |

García   Fue sino mío
sucumbir, y aunque lo lloro,
puesto que el vencido soy,
en sufrir sereno estoy
mi muerte, y a nadie imploro.
Mas no olvidéis, Reina, vos,
que reos aparecemos
entrambos, y aun no sabemos
quién triunfará de los dos.

Reina   Nada teme la inocencia.
(Ruido
y tumulto dentro.)   Mas ¿qué rumor...

García   (¡Si habrá acaso
mi gente arriesgado el paso
para salvar mi existencia!)

(Se ve venir por el fondo un caballero armado. Melendo, con gente armada.)

Escena XIII

La Reina, don García, don Pedro, pajes, guardias, un caballero (Melendo)

Reina   ¿Quién tan sin miedo a la ley
atropella así el palacio?

Caballero   Señores, haced espacio
a la justicia del Rey.
(A la Reina.)   Por don Sancho de Castilla,
de Navarra y de León,
daos, señora, a prisión.

Reina	¡Yo! ¡Por el Rey! ¡Tal mancilla!
Caballero	Reina, esta es mi obligación. Don Pedro Sesé, sed preso en nombre del Rey.
Pedro	¡Yo!
Caballero	Vos. Y en tanto que con más seso se instruye vuestro proceso, gobernador por los dos nombra el Rey a don García.
García	¡Oh! Gracias, fortuna mía.
Reina	¡Yo en público mancillada por el Rey! ¡Yo ante él culpada!... Santo Dios!
García	Ya os lo decía.
Reina	Aparta. Un Dios desde el cielo, la verdad mirando está, y a su tribunal apelo.
García (A la Reina.)	Me pesa de vuestro duelo, mas es harto tarde ya. Lo que he intentado me aterra; sé que nadie habrá en mi abono y que mi suerte se encierra entre siete pies de tierra cavados al pie de un trono; mas ya puesto ante su hondura,

a saltarla probaré,
isi caigo..., en mi sepultura;
mas si salto con ventura...,
ioh! sobre el trono caerá.
Melendo, esta misma sala
la señalo por prisión:
don Pedro Sesé a la torre,

(A otro.)   vos seréis su guardador.

(A otro.)   Vos al punto, con la gente
de mayor satisfacción,
buscadme por todas partes
a ese villano impostor
a quien la Reina aquí mismo
un pergamino firmó.
Id, corred por todas partes,
no haya en Pamplona rincón
en donde logre ese infame
salvarse de mi furor.

(Ruido dentro.)   Mas ¿qué ruido es ese?

Arjona (Dentro.)   Paso.

García   Esa es de Arjona la voz.

Escena XIV
Dichos y Lucas de Arjona

Arjona   ¡Señor, señor!

García   ¿Qué sucede?
¿Qué traes, Arjona?

Arjona   Señor,
Luis Torras está ahí diciendo

que con el secreto dio
de vuestro huésped de anoche.

García
Con quien Torras dar debió,
fue con él, ¡viven los cielos!

Arjona
Mas trae en cambio, señor...

García
¿Qué trae?

Arjona
Trae a una mujer.
Hela aquí.

(Traen a Gisberga custodiada.)

Escena XV

Dichos y Gisberga

García
¡Dios vengador,
es ella! Su mujer.

Gisberga
Sí,
yo soy.

García
De ese vil traidor
me responde tu cabeza;
tú sabrás dónde está.

Gisberga
No.

García
¿Quién es ese hombre?

Gisberga
Lo ignoro.

García	¡Niegas!
Gisberga	Sí.
García	Pues ¡vive Dios! pronto hará polvo el tormento toda esa resolución. Guardadla bien hasta entonces; mas pasa el tiempo veloz y es fuerza acabar cuanto antes. Arjona: sin dilación, que me ensillen el caballo que el Rey mi padre dejó, que quiero que vea el pueblo quién es su gobernador, y los vasallos del Rey guarden al Rey sumisión.
Reina	Traidor, ¿qué vas a intentar?
García	Eso no os atañe a vos, señora. Llevadla.
Reina	¡Infame!

(Voces fuera.)

García	¡Aun hay más!

Escena XVI
Dichos y un Caballerizo

Caballerizo	¡Señor, perdón!

García	¿Qué es?
Caballerizo	El caballo del Rey, con el Real caparazón, le ha robado en este instante un etíope feroz ayudado de otro hombre.
García	¿Y mis guardias? ¡Vive Dios!
Caballerizo	Matáronlos a estocadas.
García	¡Ya lo entiendo! ¡Maldición! Ese demonio es también del caballo el robador. Seguidle, y donde le halléis; matadle sin compasión.
(Vanse algunos.)	Mientras él viva, seguro ni aun en mi sepulcro estoy.

(Aparece en el fondo un Rey de armas, con sus insignias.)

Mas ¿qué es esto? ¿Aquí un Rey de armas?

Escena XVII

Dichos y un rey de armas. Después, el rey don Sancho y Melendo

Rey de armas	Paso: el Rey me sigue en pos.
Todos	¡Cielos! ¡El Rey!
Rey don Sancho	Sí, señores; el Rey en persona: yo.

	Doña Nuña,
(A la Reina.)	don García,
(A éste.)	Sesé,
(Ídem.)	daos a prisión.

En sus cuatro torreones
tiene la torre mayor
de mi alcázar cuatro encierros.
Melendo, su guardia sois;
los tres, y esa otra, mujer,
cada cual a un torreón.
Ferrando, que mi Consejo
se junte al punto.

Reina y García   ¡Señor!

Rey   ¡Silencio! Llevadlos pronto:
vamos a ver ¡voto a Dios!
qué es; lo que pasa en mis reinos
cuando de ellos falto yo.

(Los lleva. El Rey se pasea con el mayor desasosiego.)

Acto III

En la torre del alcázar de don Sancho. A los cuatro ángulos cuatro puertecillas que se supone dar a los cuatro torreones. Una ventana en el fondo. Otra puerta a la derecha que se supone dar al caracol que da entrada a este salón. Una lámpara que pende del techo alumbra la escena.

Escena I

Melendo cerrando la puerta del primer torreón de la derecha, prisión de la Reina.

Melendo   ¡Tamaña tenacidad!
O es muy grande su inocencia,
o con osada impudencia
burlar al Rey quiere audaz.
En fin, cumplamos su ley,
pues ley es su voluntad.
Y ¡Dios mire con piedad
los arrebatos del Rey!

(Abre la puerta de la izquierda, por donde sale don García.)

Escena II

Don García y Melendo

Melendo   Salid, señor.

García   ¿Qué sucede,
Melendo?

Melendo   Que libre estáis.
El Rey sus postreras órdenes
os quiere, Príncipe, dar,
y en su aposento aguardándoos
tras breve espacio estará.

García	¿Y la Reina?
Melendo	Todavía en silencio pertinaz se mantiene, y aun se niega hasta con el Rey a hablar.
García	Está bien.
Melendo	¿Puedo, señor, serviros en algo más?
García	¿Dijo el Rey que con alguno pudiera comunicar?
Melendo	Dijo que, hasta hablaros él, podrían veros no más los escuderos que os sirven, si de ellos necesitáis.
García	Traedme a Lucas de Arjona, que con él me bastará.
Melendo	Todo el día importunándome anduvo ese hombre tenaz, por entrar un punto a veros.
García	Es criado muy leal; id por él, que al aposento del Rey me acompañará dentro de breves momentos.
Melendo	Que Dios os guarde.

García	Id en paz.

Escena III
Don García

García	¡Oh! ¡La fortuna me ampara!
	¡Crédito el mundo me da!
	¡Libre estoy!... Mas ¡quién pudiera
	¡ay de mí! volverse atrás!
	¡Quién me diera, como una hoja
	de un árbol seco, arrancar
	este día de los tiempos
	sin que volviera jamás!

Escena IV
Don García y Arjona

Arjona	Señor...

García	Arjona, ¿qué traes?

Arjona	Buenas nuevas. Todo se ha
	cumplido a pedir de boca.
	Pero, dejadme admirar,
	señor, vuestra perspicacia
	y vuestra serenidad.
	Yo lo oía y lo dudaba,
	y quien os viera explicar
	de esta rebelión la historia
	delante del tribunal,
	¡vive Dios que la tuviera
	por relación tan veraz,
	tan clara, tan innegable...!

García	Basta, Arjona, por piedad.
	¡Ojalá que antes mi lengua
	enmudeciera! ¡Ojalá
	que un rayo me hiciera polvo
	al concebir tal maldad!
Arjona	¡Señor!... ¿Qué decís?
García	Arjona,
	mientras me hizo vacilar
	el miedo y la incertidumbre,
	y la ambición infernal
	me sostuvo, a todo osé;
	mas la negra soledad
	de esa torre, en que he pasado
	todo el día, a despertar
	ha vuelto en mí la razón,
	y holgárame, Arjona, asaz,
	para salir de esta angustia
	algún camino encontrar.
Arjona	Ya estáis, señor, fuera de ella.
	Yo presenté al tribunal
	los testigos que citasteis,
	y aunque con bastante afán
	y harto temor, porque alguno
	quisiera volverse atrás,
	juramos lo que vos mismo
	les quisisteis declarar,
	y probamos que aquí obrasteis
	en virtud del poder Real
	que os dio en secreto la Reina;
	mas que su deslealtad

conociendo, al Rey y al reino
quisisteis de ella guardar.
Que sorprendiéndoos también
ella y Sesé vuestro plan,
en su antecámara misma
os iban a asesinar,
habiendo comprado el brazo
de un vigoroso gañán
con quien en secreto hablaron
antes de haceros llamar
a su presencia, en su cámara
para más seguridad
la misma Reina ocultándole;
todo lo que, si es verdad
que es una impostura grande,
nadie lo podrá negar,
porque todo el mundo vio
que estaba aquel Satanás
con el acero en la mano,
y con él pronto a lidiar
vos, señor, al mismo tiempo.

García   Pero ¿y ese hombre?

Arjona   Ya está
también, por mi buena industria,
colocado en buen lugar.

García   ¿Preso también?

Arjona   Nada de eso,
nadie con ese hombre da;
mas como yo le he colgado
con ellos grande amistad,

y han dicho todos que él solo
robó el caballo, además
de matar al que servía
la caballeriza Real,
y con pase de la Reina
se salió de la ciudad,
está condenado, a habérsele,
a la pena capital.
El Rey además, furioso
del silencio que en guardar
se obstinan Sesé y la Reina,
crédito mayor os da.
Y en fin, la Junta y los grandes
tan confundidos están,
y las leyes tan explícitas,
que nada que temer hay.
Ya veis que en todo parece
de parte nuestra el azar.

García	Pero, Arjona...
Arjona	¡Qué, señor!

García   Aunque todo va derecho
a nuestro bien, de lo hecho
me da espanto, me da horror.
Es mi madre.

Arjona   Pero...

García   Di,
¿no habría mejor camino
por donde echar su destino?

Arjona	Hay uno, mucho que sí.
García	¿Cuál? ¿Cuál?
Arjona	Que vos ante el Rey declaréis vuestra impostura, y cambiéis de sepultura con la Reina.
García	¿Esa es la ley, Arjona?
Arjona	No hay más remedio. Si os habéis vos de salvar, fuerza ha de ser derribar a todo el que esté por medio. La pena del acusado cae en el acusador si sale aquél vencedor; conque moriréis quemado.
García	Y tú, tú que tantas trazas hallas siempre para todo, ¡me abandonas de este modo! ¡Callas!... ¡Oh, me despedazas el alma, Arjona!
Arjona	Señor, me estáis confundiendo, y callo, porque remedio no os hallo si os falta vuestro valor.
García	No son de pavor, Arjona, los pesares que me oprimen,

es que veo que mi crimen
pesa más que la corona;
es que me espanta el castigo
que les impone mi encono,
y que me espanta ese trono
que con su sangre consigo.
Si huyéramos...

Arjona   Imposible.

García   Ausente el acusador...

Arjona   Fuera el peligro mayor
para vos.

García   Y ¿no es posible,
burlando la vigilancia
del Rey don Sancho, fugarnos
ambos a dos, y ampararnos
de Cataluña o de Francia?

Arjona   Imposible: no hay camino
que por el Rey no se guarde,
don García, y ya es muy tarde
para torcer el destino.

García   De ese modo...

Arjona   Es lo mejor
que en el empeño sigáis,
hasta donde más podáis,
con inflexible valor.
Si vencéis, aun la esperanza
tenéis de calmar la ley,

	su vida pidiendo al Rey:
	todo quien vence lo alcanza.
García	¡Ira de Dios! Seguiré.
	El infierno es quien lo hace:
	seguiré, pues que le place.
	Vamos.
Arjona	¿Dónde?
García	Yo no sé.
	El Rey me aguarda, a él me voy;
	lo que exigirá no sé,
	mas todo lo emprenderé
	según sintiéndome estoy.
	De mi maldad me amedrento,
	y este afán, esta agonía,
	no sé si es, ¡por vida mía!
	furor o arrepentimiento.
	La fortuna arrastro en pos
	de mí, mas con tal afán,
	que presumo que así irán
	los réprobos ante Dios.
	Sí, soplo infernal me anima
	de espíritu tan perverso,
	que abriría al universo
	a mis plantas ancha sima.
	Un vértigo, un torbellino
	me arrebata en pos de sí.
	Vamos, Arjona, de aquí,
	y cúmplase su destino.

Escena V
Dichos y Melendo

Melendo	El Rey aguarda, señor.
García	Voy.

(Vanse don García y Arjona.)

Melendo	No sé qué de funesto
	revela ese hombre en su gesto,
	que el mirarle da pavor.
	Algún horrible secreto
	le acosa con saña fiera,
	porque si él el justo fuera,
	no anduviera tan inquieto.
	Mas ella..., ¡pobre mujer!
	En fin, por si la interesa,
	este escrito voy apriesa
	en sus manos a poner.

(Abre la torre en que está la Reina.)

Escena VI
La Reina y Melendo

Reina	¿Quién es?
Melendo	Señora, yo.
Reina	Mi carcelero.
Melendo	Pésame de ello...
Reina	Gracias, caballero;
	cumplid vuestro deber. ¿Qué nuevo insulto

venís a hacerme?

Melendo   Duéleme, señora,
que me tratéis así, cuando a ofreceros
venía mi favor desde esta hora...

Reina   ¿Cómo?

Melendo   Reina, escuchad: yo he presenciado
vuestro juicio, y he visto que os condenan
las pruebas.

Reina   Falsas son, falsas, Melendo.

Melendo   Señora, así lo entiendo,
y a fe que me ha espantado ver a un hijo
acusando a su madre, y no comprendo
que, tan noble cual vos, una matrona
de su esposo manchara la corona.

Reina   ¿Eso más?

Melendo   Don García así lo dijo.

Reina   ¡Villano!

Melendo   Que a Sesé con torpe audacia
ofrecisteis el trono, y en secreto
conspirabais los dos con tal objeto;
que él os le sorprendió, y hecho a la parte
no hallando otro remedio,
el Rey tan lejos y él tan vigilado,
alzó otro bando con silencio y arte
para salvar el reino amenazado.

Y en fin, que vuestros muchos desafueros
y escandalosas tramas,
solamente a su Rey descubriría
y con testigos cien los probaría,
dispuesto estando a mantenerse en todo
y a mostrar sus servicios verdaderos
a voluntad del Rey de cualquier modo.
Le oyó en secreto el rey don Sancho; y luego
de larga conferencia,
salió iracundo y respirando fuego
para firmar no más vuestra sentencia.

Reina   ¡Gran Dios!

Melendo   Interpusieron pronto ruego
los grandes y prelados;
mas por él con dureza rechazados,
confirmaron sentencia tan extraña
midiendo sus razones por su saña.

Reina   ¿Así la lealtad de tantos años,
el amor y la fe, don Sancho olvida,
crédito dando a pérfidos amaños?

Melendo   Mas espera que vos...

Reina   Nunca, Melendo;
antes mil veces perderé la vida.

Melendo   Mas si inocente sois, una palabra
decid que os justifique.

Reina   No la tengo,
Melendo; en vano lidia

la inocente virtud con la perfidia.
En el confuso dédalo enredado
de esas acusaciones impostoras,
mi lengua y mi razón se perdería,
y cayendo en un lazo preparado,
más criminal tal vez. parecería.

Melendo   Mas ved que quiere oíros.

Reina   Es en vano,
nada tengo que hablar; pues leyes tiene,
que mi causa por ellas mida y vea,
ellas dirán lo que a su honor conviene:
y si él mal las emplea,
a Dios responda cuando tiempo sea.
Así se lo diréis. Soy inocente,
y justificación no necesito,
y si cree el universo en mi delito,
ante su Dios el universo miente.

Melendo   Miente, sí, miente; mas importa mucho
que limpia ante él aparezcáis, señora,
y tal vez haya medio... Un hombre ahora
me lo juró también...

Reina   (¡Cielos, qué escucho!)

Melendo   Y no osando en la torre darle entrada,
os escribió estas letras, y me dijo
que podríais por él ser libertada.

Reina   Dadme, dadme.

Melendo   Leed.

Reina (Leyendo.)   «Señora, si es imposible que nos veamos, no olvidéis
                     que las leyes os permiten apelar al juicio de Dios, y
                     no ha de faltar una lanza que se rompa en vuestra
                     defensa, mientras aliente quien está pronto a morir por
                     salvar el honor de la Reina de Navarra.»

(Representando.)   ¿Dónde está el hombre
                     que esta carta escribió?

Melendo   Por un postigo
                     que al río da, con misteriosa seña
                     ha poco me llamó y habló conmigo;
                     mas si os inspira ese hombre confianza
                     y os importa el hablarle,
                     todo por vos lo arriesgo, iré a buscarlo,
                     y entrará, de las sombras al abrigo,
                     hasta vuestra prisión.

Reina   ¡Oh! Hacedlo, amigo,
                     que ese hombre es mi esperanza.

Melendo   Pues fiaos de mí: traza oportuna
                     buscaré de traerle en el momento;
                     mas que vuelva a salir de este aposento
                     antes que empiece a despuntar la Luna;
                     tal vez un centinela le vería
                     y todo de una vez se perdería.

Reina   Id, volad, caballero.

Melendo   Un momento aguardad.

Escena VII

La Reina

Reina
                                    Y ¿en quién espero?
¿Cúya esta letra es? ¿Quién es ese hombre?
¿Es tal vez un amigo verdadero,
o es algún arrestado aventurero
que se promete así cobrar renombre?
Debajo de estas líneas mal trazadas
no puso firma, ni señal, ni nombre.
En fin, quienquier que sea,
pues me ofrece una lanza
que en la defensa de mi honor emplea,
es en la tierra mi única esperanza.
Y vos, Señor, que en la invisible altura
tras la cortina azul del limpio cielo
medís la intensidad de mi amargura,
no me dejéis morir en tanto duelo.
Solo del justo protección segura
sois; pues veis mi inocencia, a vos apelo;
atajad de los hombres la malicia,
y mostradles, Señor, vuestra justicia.

Escena VIII

La Reina, don Ramiro y Melendo

Ramiro   Sí, se la mostrará.

Reina   ¡Vos!

(Reconociéndole a la luz de la lámpara.)

Ramiro   Yo, señora;

que infatigable vuestro honor velando,
mostraré la justicia vengadora
del Dios inmenso que os está juzgando.

Melendo (A Ramiro.)   Tomad; temo que alguno nos sorprenda;
con ese saco tosco de soldado
mostraos por si acaso disfrazado,
y aquí que hacéis la centinela entienda.

Ramiro   Gracias.

Melendo   Mas breve sed, que el Rey en breve
a la torre venir acaso debe.

Ramiro   Pocos momentos bastarán.

Melendo   Yo guardo
el caracol estrecho...;
mas encajaos pronto ese tabardo,
y adiós.

Ramiro   Prémieos él lo que habéis hecho.

Escena IX

La Reina y don Ramiro

Reina   Caballero...

Ramiro   (Interrumpiendo.)
                       Escuchadme; lo sé todo:
la diabólica astucia con que supo
don García volver por raro modo
contra vos lo que en él tan solo cupo;

sé de don Sancho y de la Junta el fallo,
y sé que me condena
a morir por ladrón de su caballo,
lo cual me trae a mí con poca pena;
sé que es justificaros imposible
en plazo corto, que harto enmarañado
el nudo veo de su trama horrible;
mas sé también que el término alargado
de la sentencia vuestra, yo en mi brío
y en mis razones vuestra causa fío.
Vos escribid al Rey; vuestra inocencia
protestad; como horrendo sacrificio,
apelad de su bárbara sentencia
al juicio del Señor, que es el buen juicio.
Yo retaré entretanto a don García
de vil calumniador, campo pidiendo
para luchar con él; esto en el día
lo permite la ley, y no pudiendo
negarlo a nadie, la victoria es mía.

Reina

Mucho fiáis; mas ignoráis, sin duda,
que es preciso probar...

Ramiro

                 No os dé cuidado;
secreto talismán tengo en mi ayuda,
con el que todo me será allanado.

Reina

Vedlo todo despacio, y que no os ciegue
vuestro buen corazón; ese combate
con un Príncipe Real, tal vez se os niegue.

Ramiro

¿Porque infante no soy? ¡Qué disparate!
Con solo una palabra que a don Sancho
le diga yo al oído,

le tengo de dejar tan convencido,
que ha de abonarme y le vendrá muy ancho.

Reina

Mas ved que don García
es hoy el justador más afamado.

Ramiro

Por lo que hace a su esfuerzo, es cuenta mía.
Con tigres y leones me he probado,
y no cedo a hombre alguno en osadía.

Reina

Mas si entretanto vos en red traidora
caéis, y el plazo tiene fin...

Ramiro

                                   Señora,
ya os he dicho que puede mi palabra
hacer temblar al Rey; pero primero
fuerza es que paso a su justicia me abra,
siendo de vuestro honor el caballero.
Si sucumbo, aun me queda la esperanza
de esta palabra oculta; mas si venzo,
con ayuda de Dios y de mi lanza,
de decirla a don Sancho me avergüenzo,
que él se avergonzaría al escucharla.
Si vengo, sin decirla, a la inocencia,
me vuelvo a desterrar de su presencia,
antes que en su presencia pronunciarla.

Reina

Ser tan incomprensible y misterioso
cuanto tenéis de bravo y generoso,
arcángel protector de mi existencia,
que por doquiera a la defensa mía
salís, entre la niebla más sombría
vuestra razón velando y vuestro nombre,
¿quién sois? ¿Qué recompensa

de mí esperáis?

Ramiro   Ninguna; mas no hay hombre
que abrace con más fe vuestra defensa.
Ni leonés habrá ni habrá navarro
que dé por vos más pronto la existencia,
ni que por vos combate más bizarro,
más premio sin buscar que su conciencia.

Reina   Mas decidme a lo menos vuestro nombre,
vuestro linaje; sepa en quién espero.

Ramiro   Solo a vos le callará, y no os asombre;
si sin ira ni horror le pronunciarais,
valiera en vuestro labio el mundo entero.

Reina   ¿Mánchale el crimen?

Ramiro   No; pero le odiarais.

Reina   ¿Con él a vuestro padre avergonzarais?

Ramiro   No.

Reina   ¿Sois, pues...

Ramiro   Vuestro solo caballero,
el solo amigo que valeros puedo,
y que todo por vos ha de intentarlo
mientras un soplo de esperanza quede.
Mas oigo hablar ...; aprisa... entrad, señora,
en el cubo otra vez: si me descubren,
que aquí no os hallen. Diligente ahora,
si os permiten con qué, al tremendo juicio

de Dios la apelación tened escrita
y confiad en él, que en este mundo,
solo de Dios el justo necesita.
Silencio: entrad, entrad.

Escena X

Don Ramiro. Después don García

(Don Ramiro corre el cerrojo de la puerta por donde entró la Reina.)

Ramiro   Cierro por fuera:
                suben..., veamos lo que aquí me espera.

(Se cubre bien con el saco de soldado, aparentando estar de centinela.)

García (Dentro.)   Ya basta, ¡vive Dios! Me importa hablarla,
                    y orden traigo del Rey.
(En la escena.)   ¡Tanta osadía,
                    y en defender la entrada tanto empeño
                    ese necio Melendo!

Ramiro   (¡Oh! Don García.)

García   ¡Tal vez tiene razón! ¿A qué su sueño
                turbar? Tranquila acaso en su inocencia,
                duerme sin miedo a la fatal sentencia,
                mientras que yo ¡ay de mí! tiemblo y me agito
                en continuo velar, y aquí en mi pecho,
                de la conciencia el torcedor maldito
                halla en mi corazón ámbito estrecho.
                Sí, por doquier me espanta mi delito,
                y en torno de mi mesa y de mi lecho
                ronda, y ante mis ojos se presenta,
                y ante mí marcha y ante mí se sienta.

Mas venzamos las necias aprensiones
del corazón cobarde...; es fuerza hablarla:
apartaos, quiméricas visiones;
este es el torreón...; voy a llamarla.

(Don García va a poner mano al cerrojo que ha corrido don Ramiro. Éste, al verlo, avanza dos pasos hacia él. Don García se detiene.)

García	Mas ¡cielos! ¿Quién está aquí?

| Ramiro | Un centinela, señor,
que juzga a inmenso favor
de Dios hallaros así. |

| García | ¿Qué quieres? |

| Ramiro | Solo un momento
que me oigáis... |

| García | No es ocasión;
déjame. |

| Ramiro | Noticias son
para vos de gran contento.
El que el caballo os robó... |

| García | ¿Cómo, qué? ¿Dónde está ese hombre?
¿Tú le conoces? ¿Su nombre
sabes? ¿Le han cogido? |

| Ramiro | No;
pero de saber acabo
que os ha retado, señor,
como a vil calumniador, |

y mirad que es hombre bravo.

García   Yo a nadie temo.

Ramiro   Aun hay más.
Ya sé que nadie os da miedo
en la lid, mas un enredo
pierde al mismo Satanás.

García   Acaba, no me entretengas
con necias bachillerías.

Ramiro   No son intenciones mías
perder el tiempo en arengas;
pero ya que os hallo aquí,
voy a haceros conocer
lo que os importa saber
para gobernaros.

García   Di.

Ramiro   El Rey, con una francesa
os trataba un matrimonio.

García   Sí.

Ramiro   Pues llevole el demonio.

García   ¿Qué?

Ramiro   Os robaron la Condesa.

García   ¿Qué diablos estás diciendo,
mentecato? Tú estás loco.

Ramiro   Escuchad, que poco a poco
lo iréis, señor, entendiendo.

García   ¡Voto a...

Ramiro   La Condesa huyó,
con un galán, de su casa;
su buen padre, hecho una brasa,
que les siguieran mandó
por doquiera... ¡Inútilmente!
No parece ni uno ni otro.
Pues bien; ese hombre..., el del potro,
ha escrito a vuestro pariente
el buen Conde de Bigorre,
diciendo que la robasteis
vos, y a todos la ocultasteis
guardándola en esa torre.

García   Mas cuando ese hombre me achaca
el rapto de esa doncella,
¿qué espera de mí? ¿Qué de ella?
O ¿qué consecuencia saca?

Ramiro   Una, señor, muy sencilla:
que a acusaros de raptor
envía un embajador,
el de Bigorre a Castilla.

García   ¿Y qué? Tan sandia impostura
desmentiré.

Ramiro   Aunque lo hagáis,
la cosa no es tan segura

	como vos la imagináis.

García   No te entiendo.

Ramiro   El robador
de la doncella, el amante,
es también ese tunante...,
el del caballo, señor.

García   Me confundes cada instante
más.

Ramiro   Pues poco hay que entender:
¿no habéis preso a la mujer
que tenía ese bergante
en la quinta que con fuego
destruisteis para así
cogerle rehenes?

García   Sí.

Ramiro   Pues bien; él os torció el juego.
Os dejó que la cogierais,
para obligaros después
a que, probando quién es,
de ella a Francia respondierais.

García   Pero en mi poder estando...

Ramiro   ¡Quia! A ofenderla, ¡vive Dios!
dará Francia sobre vos,
por la venganza clamando.
De modo que con lo mismo
que os pensabais vos salvar,

os va ese hombre a colocar
a la boca de un abismo.

García   Todo lo comprendo ya.
                ¿Conque ese hombre, esa quimera,
                conmigo por dondequiera
                para contrariarme va?

Ramiro   Ya veis, dondequiera os reta.
                Y aquí por calumniador,
                y allá en Francia por raptor,
                a su capricho os sujeta.

García   Que venga, pues, ¡vive Dios!
                Pues me hace tan cruda guerra,
                no cabemos en la tierra
                a un mismo tiempo los dos.

Ramiro   No le llaméis, que, a mi ver,
                si gritáis con tal vigor,
                se os pudiera aparecer,
                y estáis sin armas, señor.

García   Que venga, nada me espanta;
                pero el traidor no vendrá.

Ramiro   (Descubriéndose.)
                Sí, don García, aquí está;
                brotó bajo vuestra planta.

García   ¡Gran Dios!

Ramiro   Oíd, don García.
                Ya veis que os tengo en un caos;

	aun es tiempo, retractaos,
	porque la victoria es mía.
García	¿Tuya? Sueñas; robador
	de la hacienda de tu Rey,
	te ha condenado la ley
	declarándote traidor.
	Ni aun siquiera te oirán,
	que testigos infinitos
	te probaron mil delitos
	que a morir te llevarán.
Ramiro	No os ciegue el furor, garcía;
	mi causa está ya segura:
	meditadlo con cordura,
	que aun para ello os doy un día.
García	No vivirás ni una hora.
	¡Nuño, Melendo, traición,
	acudid al torreón!
	Veremos quién vence ahora.

(Don García, desde la puerta que se supone dar al caracol, llama bajando un escalón, de modo que oculte medio cuerpo en el bastidor, volviendo la espalda a la escena. Don Ramiro le empuja, cierra y corre el pasador.)

Escena XI
Don Ramiro

Ramiro	¡Tu furor me hace reír!
	¿Piensas, necio, que al entrar
	me he descuidado en mirar
	por dónde debo salir?
	¿Piensas en tu desvarío

que un navarro montañés
no saltará ochenta pies,
teniendo debajo el río?
¿No quieres que entre los dos
haya paz? Bien; haya guerra:
yo he cumplido con la tierra;
ahora que nos juzgue Dios.

(Se lanza por la ventana, y se oye el ruido de un cuerpo que cae al río, teniendo en cuenta el espacio de ochenta pies que tiene que recorrer en su caída. Pasado este efecto, la puerta se abre forzada, entrando por ella don García, Melendo y soldados.)

Escena XII
Don García, Melendo, Arjona y soldados

García

Aquí, aquí está ese traidor;
el que el caballo ha robado,
el que a la Reina ha ayudado.

Melendo y Arjona

Aquí no hay nadie, señor.

García

¡Dios! En esos torreones...

Melendo

(Viéndolos todos.)
Y ¿cómo entrarles pudiera,
sí tienen todos por fuera
corridos los aldabones?

García

Esa ventana...

Arjona

Señor,
imposible por ahí es
un salto de ochenta pies.

García	¿Qué es esto? ¡Dios vengador!
Melendo	(Asomándose por la ventana.) (¡Qué arrojo!)
García (Espantado.)	Si estaba aquí, aquí mismo, en mi presencia.
Todos	¿Quién, señor, quién?
García	Mi conciencia. Sosténme, Arjona. ¡Ay de mí!

(Don García desfallece como presa de un vértigo en los brazos de Arjona.)

Acto IV

Interior del centro de una tienda de campaña que ocupa todo el escenario a lo ancho, y que llena a lo largo una sola caja. Esta tienda, que figura ser la del caballero mantenedor de un reto, y levantada en un costado de un palenque, está cerrada por el fondo con dos lienzos que tapan completamente todo el fondo del escenario y colocados de modo que puedan manifestar, descorriéndose a su tiempo, todo el palenque que tiene detrás. Como esta tienda figura componerse de tres partes o habitaciones, las personas salen y entran por derecha e izquierda.

Escena I
El Rey y Melendo

Melendo   Calmaos, señor.

Rey   Melendo,
inútilmente procuras
poner a mi enojo diques
y aplacarme con disculpas.
Ya los vistes cuán tenaces
en su silencio, ni excusas
quisieron dar de los crímenes
que a los dos se les imputan;
ni aun responder se dignaron
de su juez a las preguntas:
y, ¡vive Dios, que ésta ha sido
la mayor de sus injurias!
Melendo, trae a don Pedro,
hagamos la prueba última.

(Vase Melendo.)

Escena II
El Rey

Rey

iOh, ésta es de sueño funesto
pesadilla que me abruma,
es un vértigo, un delirio
de abrasada calentura!
Estoy la verdad tocando,
y el alma incrédula lucha
con la realidad, sin fuerzas
para comprenderla nunca.
El tan leal otro tiempo
y ella tan noble y tan pura...;
pero ¿qué dudo? iInsensato!
iEl Príncipe les acusa
de adúlteros y rebeldes,
y el Príncipe es sangre suya,
y para atreverse a tanto
grandes razones le escudan!
iOh! iJuro a Dios que si insisten
en su silencio, mi furia
todo el rigor de las leyes
les hará pronto que sufran!

Escena III
El Rey, don Pedro y Melendo

Melendo   Aquí está.

Rey   Dejadnos solos,
          Melendo. iEl cielo me acuda!

(Vase Melendo.)

Escena IV
El Rey y don Pedro Sesé

114

Rey

Sesé, lee ese pergamino;
en él están todas juntas
las graves acusaciones
que a ti y a la Reina imputan.
Los testigos que lo afirman
y el Príncipe que os denuncia,
las han sellado y firmado.
Ahora, si disculpa alguna
tienes, dámela; de no,
con madurez y mesura
lo ha pesado de mis nobles
y mis prelados la Junta,
y os sentencia como infames
a sufrir la pena última.

Pedro

Señor, no habrá en vuestros reinos
quien con más valor la sufra;
pero iremos al martirio,
don Sancho, no a pena justa.

Rey

Pues bien, explícate, Pedro,
líbrame ya de esta angustia:
solos estamos aquí,
solos; nadie nos escucha:
por cuanto encierran sagrado
cielos y tierra, si oculta
hay en tu pecho una causa,
una razón, una excusa
que os justifique a mis ojos,
por compasión, Sesé, búscala.

Pedro

Señor, desde que mis hombros
pudieron con la armadura,

hasta que el peso del casco
me encalveció, la vez única
es ésta en que habéis tenido
en mi fe y en mi honra duda.
Amigo me habéis llamado,
señor, desde vuestra cuna;
como amigo os he servido
en vuestras varias fortunas.
He cuidado vuestra casa,
os he velado en la oscura
soledad del campamento,
y en las lides más sañudas
he puesto el pecho mil veces
ante las lanzas morunas
para defender el vuestro:
y ha cincuenta años, en suma,
que las gotas de mi sangre
se derraman una a una
por vuestro honor y grandeza,
por vuestra prez y ventura.
Jamás intenté venderos,
ni os han extraviado nunca
mis consejos del camino
de la virtud; y ahora juntas
¿creéis que al fin de una vida
que tal lealtad ilustra,
pude hacer tantas infamias,
reo ser de tantas culpas?

Rey   ¡Oh, sí, sí! Cuando recuerdo
los fuertes lazos que anudan
nuestra amistad, la limpieza
de tu honor, que no deslustra,
ninguna mancha bastarda;

116

cuando oigo la voz robusta
con que en tu favor me grita
mi corazón, se me anublan,
Pedro, los ojos en lágrimas,
y mi conciencia se turba
al ver que os condenan pruebas
que tú ni nadie recusa.
Ante vuestro tribunal
tuvisteis las lenguas mudas.
¿Por qué ¡vive Dios! por qué,
si la inocencia os escuda,
no os defendéis de las leyes
que os abren infame tumba?

Pedro   Don Sancho, mil y mil veces
os lo dije en oportunas
ocasiones; vuestras leyes
son incompletas y absurdas:
con ellas el inocente
sucumbe, el malvado triunfa,
y los más atroces crímenes
a su sombra se consuman.
Acusa un vil a un sencillo,
y con infernal astucia
destruye todas las pruebas
que han de obrar en contra suya.
Sus delitos le atribuye,
como vuestro hijo, lo jura;
los jueces vense indecisos,
y él, para borrar su duda,
se ve joven y alentado,
ve que aquel a quien acusa
es viejo, o mujer, o débil,
y con audacia segura

dice: «Aquí estoy con mi lanza
pronto a sostener mi injuria».
La ley lo consiente, y siempre
vence la fuerza y la astucia.
Y ¡vive Dios, rey don Sancho,
que a ser, cual era, robusta
mi mano, yo con el Príncipe,
empeñaría la lucha!
Mas ¡ay, el cielo a los débiles
contra los fuertes no ayuda!

Rey   Mas esa es la ley que rige,
y ésa es fuerza que se cumpla.
Sincérate, pues, ante ella,
pues ante ella te denuncian.

Pedro   Rey don Sancho, si en vuestra alma
no está escrita mi disculpa;
si con vos no me defiende
vuestra convicción, que acuda
el verdugo; este es mi cuello;
ni yo sé dar más excusa,
ni a saberla la daría:
sabéis mi honor y mi alcurnia.

Rey   Mas esas pruebas...

Pedro   Son falsas
apariencias.

Rey   Pero abundan
los testigos.

Pedro   Son comprados.

Rey

Te han hallado veces muchas
en el cuarto de la Reina
en altas horas nocturnas.

Pedro

Velado he por vuestros reinos
con ella, y las damas suyas
no faltaron de su cámara
jamás.

Rey

Hoy mismo, disputa
escandalosa mantuvo
contra el Príncipe, en su pública
antesala, en favor tuyo.

Pedro

Era su causa la injusta,
y yo cumplía las órdenes
de mi Rey.

Rey

Con maña astuta
te sorprendió tus secretos.

Pedro

Y yo sus tramas oscuras:
supe que vuestro caballo
era la señal oculta
de una rebelión.

Rey

Dispuesta
para sofocar la tuya,
para guardar de vosotros
mi corona.

Pedro

¡Virgen pura!
A partir, para obligaros,

119

vuestra dignidad augusta,
para obligaros en él
a hacer su total renuncia.

Rey

De eso os acusa a vosotros,
que viendo que su bravura
os malograba el proyecto,
hicisteis por mano oculta
robar mi mismo caballo,
que era su señal última.

Pedro

Ved lo que decís, don Sancho,
que el robo no fue obra suya
ni nuestra, fue de un tercero
enviado vuestro.

Rey

          ¡Impostura
semejante! ¿Enviado mío?

Pedro

No puede en eso haber duda:
trajo vuestra firma y sello.

Rey

¡Mientes, traidor!

Pedro

          Vuestra injusta
intención veo, don Sancho,
manifiesta.

Rey

        Y yo la tuya,
pues de tus mismos delitos
aun a mí propio me culpas.

Pedro

¿Negáis vuestra firma y sello?
Basta, señor, que se ofusca

vuestra razón, y olvidando
vuestro decoro, me insulta
vuestro labio; y si creéislo
como el labio lo pronuncia,
sois fiscal que me acrimina,
no juez que recto me juzga.
Vuestro hijo os codició el reino
con ambiciosa locura,
y yo el reino os defendía
con voluntad absoluta.
Si a mí sus faltas me cargan
y mi lealtad me usurpan,
y escucháis vos las palabras
de los que así me calumnian,
yo os juro, Rey, por el Dios
que se sienta en las alturas,
que me sirven de vergüenza
las heridas que me cruzan
el pecho, que por ti expuse
con lealtad bien estúpida.

Rey   Con esas mismas palabras
protesta quien os acusa.

Pedro   Pues miente como un villano.

Rey   Es mi sangre.

Pedro   La que nunca
mereció ver en pro suyo
mi espada leal desnuda.

Rey   ¡Traidor!

Pedro
El no haberlo sido
es el pesar que me abruma
hoy, que hacia mí, sin razón,
vuestra voluntad se muda.

Rey
¿Sin razón? ¡Viven los cielos!
Y ¿en cuál tu inocencia fundas,
si a nada me has respondido,
ni hay un testigo que arguya
en tu favor, cuando en contra
testimonios se acumulan?

Pedro
Entonces, ¿en qué se para
vuestra majestad sañuda?
Pues que os estorbo en la tierra,
abridme la sepultura.
De mí para deshaceros
no os andéis buscando arbitrios,
decid: Me importa que muera,
y haced que la ley se cumpla.

Rey
Basta, que esa pertinacia
con que mi poder insultas
y mi venganza provocas,
mi clemencia sobrepuja.
Veo la diestra falacia
con que evitas mis preguntas
y las cuestiones complicas
con falsedades absurdas;
veo que me niegas todas
mis reconvenciones justas,
esquivándote de todas
por no resolver ninguna.
Y en ese afán despechado

	con que mi coraje azuzas,
	veo que, al verte perdido,
	la muerte con ansia buscas.

Pedro   Sí, rey don Sancho, la busco,
que a mi dolor más se ajusta,
que tu ingratitud odiosa,
la más deshonrada tumba.

Rey   Y la tendrás.

Pedro   Pronto sea;
su oscuridad no me asusta,
que es pabellón de reposo
(...) na conciencia pura.

(Sale Melendo.) ¡Hola! Volvedle a su encierro.

(Melendo cierra.)

Rey   Pues defenderse rehúsan,
que el cielo se lo demande
y sus destinos se cumplan.

Escena V
El Rey. Luego don García

Rey   Pero ¡qué altivo tesón!
¡Oh, de ese viejo el acento,
para agravar mi tormento
renueva mi confusión!
¡Gran Dios, si fuera posible...
Pero no; ¿cómo podría
caber en mi hijo García
pensamiento tan horrible?

Así mi pena inclemente
a tanto extremo ha llegado,
que temo hallarle culpado
y temo hallarle inocente.

García   ¡Estabais aquí, señor!

Rey   García, ¿tal vez la hora
llegó ya?

García   Pronto la aurora
va a alumbrar nuestro dolor.

Rey   También como yo padece.
¡Infeliz!

García   Sí, padre, mucho;
y esta pena con que lucho,
por horas e instantes crece...

Rey   ¡Hijo!

García   De mí no soy dueño;
y en mi ardiente frenesí...
ya no encuentro para mí
ni tranquilidad ni sueño.

Rey   Y ¿por qué? ¿Porque leal
a mi defensa acudiste,
y el esplendor defendiste
de mi corona Real?
¿Porque, afrontando el encono
de altivos conspiradores,
entregaste a los traidores

que profanaron mi trono?

García   ¡Oh, callad!

Rey   Tu corazón
con mis palabras aflijo.

García   Sí, sí.

Rey   El vasallo y el hijo
cumplieron su obligación.
Ahora ya no hay qué esperar
sino morir.

García   (Suerte impía.)

Rey   ¡Y era tu madre! García,
ven, ven conmigo a llorar;
llora su infelice suerte,
ya que el destino cruento
te escogió por instrumento
de su castigo y su muerte.
Llora, y luego a sostener
nuestra justicia te apresta,
para cumplir lo que resta
de tu penoso deber.

García   ¡Mi madre!

Rey   ¡Cuánta ternura!

García   ¿No hallará clemencia en vos?

Rey   ¡Clemencia! Téngala Dios

de mi negra desventura.
Contra su torpe malicia,
como esposo y como rey,
fié al brazo de la ley
su crimen y mi justicia.
Y yo su tremendo fallo
respetaré, porque así
la ley se respete en mí
como en su primer vasallo.
Mas si no puedo estorbar
su riguroso suplicio,
y este horrible sacrificio
es ya fuerza consumar,
no vea yo en ti, hijo mío,
ese afán que no te deja,
ese dolor que te aqueja
desesperado y sombrío.

García   ¡Ah! Consideradlo vos;
y si ver mi alma pudierais,
yo sé que os estremecierais.

Rey   Pon tu confianza en Dios.
Deber fue en ti, no malicia,
y hoy, para mejor probanza,
aquí sostendrá tu lanza
tu inocencia y mi justicia.

García   (Si eterno este dolor es,
ya no hay para mí existencia.)

Rey   (Acercándose a la cortina de la tienda.)
¡De día ya!

García	(Mi conciencia me va arrastrando a sus pies.) Señor...
Rey	Mira, ya veloz el alba a rayar comienza.
García	(De temor y desvergüenza, ni doy aliento a mi voz.)
Rey	Adiós; voy a disponer que la ceremonia empiece.
García	Oídme...
Rey	¿Qué te estremece? Cumplamos nuestro deber.

(Vase.)

Escena VI
Don García

García	¿Qué iba yo a hacer? A revelar mi infamia; pero ¿qué revelar pudiera yo a quien vive en la fe de que aun abriga un soplo de virtud mi corazón? ¡Hijo me llama el infeliz llorando, hijo que reino y honra le salvó!... ¿Cómo decirle al miserable viejo: Padre, yo soy un vil calumniador? No; me arrastra inflexible mi destino por la senda del mal, y a rastra voy, cual zarza estéril que arrebata el viento,

a caer en la eterna perdición.
Pero llegan: ¿quién va?

Escena VII
Don García y Arjona

García (Al verle.)   ¡Tan presto, Arjona!

Arjona   Ya comienza del alba el resplandor,
y ya el pueblo las gradas del palenque
a ocupar turbulento comenzó.

García   ¡Maldito quien me trajo hasta este trance,
maldita, sí, mi estúpida ambición!

Arjona   Ya no es hora, señor, de meditarlo,
el día va a rayar.

García   Déjame, Arjona;
siento que mi osadía me abandona.

Arjona   Señor...

García   Vacilo, sí; no sé ocultarlo.
Aquel hombre fatal..., ¡él era, él era!

Arjona   Sombra de la turbada fantasía.

García   No, Arjona, realidad.

Arjona   ¿Cómo pudiera...

García   Todo ese hombre lo puede en contra mía.
Quien del fuego voraz le puso fuera,

de las aguas también lo sacaría.

Arjona   ¡Del fuego os acordáis! Pues ¿no os dije?
De su quinta una cava, hasta la ermita
por senda subterránea dirige:
Torras la halló, y entrándose por ella,
fue como dio con la mujer.

García   ¡Maldita
mi imprevisión! En una y otra cita,
allí acechome su infernal destreza.

Arjona   Mas le cuesta el acecho la cabeza.

García   Del secreto poder que le acompaña,
todo lo temo, Arjona; en todas partes
mis pasos sigue su presencia extraña
sin que le estorben puertas ni baluartes.
Todo le es familiar, todo lo encuentra
fácil en contra mía; favorece
todo su fuga: en el alcázar entra
tras de mí en las prisiones..., y parece
que, sombra de mí mismo desprendida,
los instantes me cuenta de la vida;
y si un soplo de calma me adormece,
brota, dice aquí estoy, y en la tendida
cavidad del espacio desparece.

Arjona   Superstición del corazón medroso,
don García: aunque impávido y astuto,
es un hombre no más, y de hombre a hombre...

García   No me vieras ¡por Dios! irresoluto
para emprender la lid, si solamente

de lidiar se tratara frente a frente.

Arjona

Mas ¿qué de él teméis ya? Del Rey vasallo,
notorio siendo que robó el caballo,
y estando pregonada su cabeza,
no se presentará.

García

          ¡Ven, insensato!
Si ningún defensor no se presenta,
¿no ves, imbécil, que a mi madre mato?
Y es idea ¡ay de mí! que me amedrenta.

Arjona

Aun la podéis salvar: si nadie acude,
sois dueño de su vida: suplicante
a don Sancho acudid, ante ella misma...

García (Horrorizado.)

¿Yo? ¿Yo me he de poner de ella delante
otra vez? No, jamás...: piensas en vano:
primero que sufrir tal agonía,
los ojos, Lucas, con mi propia mano,
y el corazón, feroz me arrancaría.

Arjona

Pues aun es tiempo..., desistid cobarde,
desmentíos; mas ved que en esa hoguera
que del verdugo ante las plantas arde,
el uno de los dos fuerza es que muera.

García

¡Sella, asesino vil, sella esa boca,
porque tu pecho miserable abriga
sangre de hiena y corazón de roca!

Arjona

Señor, tan solo vuestro bien me obliga,
porque con vos me salvo o con vos muero;
mas perdonad, señor, que tal os diga:

ceder ahora, es decir al mundo entero
que ni valiente sois, ni caballero.

García   ¡Ah!...

Arjona

Se dirá de vos con mengua y saña:
«Nada en tal hombre por entero cupo:
ni crimen ni virtud fue en él hazaña,
ni aun ser infame, sino a medias, supo...»
¡Gran memoria de un Príncipe de España!

García

Pues bien; si no me cumple esa memoria,
si al crimen nada más caminar puedo,
tal borrón dejaré sobre mi historia,
que a la futura edad imponga miedo.

(Tumulto fuera.)
¿Oyes? Ya ruge el pueblo ahí agolpado,
del horrible espectáculo sediento:
voy ¡vive Dios! a dársele colmado;
nunca le vio más bárbaro y sangriento.

(Suenan
las trompetas.)
¡Ah, pronto la señal!

Arjona

(Asomándose a la tienda.)
El Sol asoma.

García

(Poseído de un vértigo.)
¡Oh infierno, regocíjate! ¡Como ésta
no han preparado tus furores fiesta
ni en los circos idólatras de Roma!

(Trompetas.)

Voces fuera   ¡Pregón, pregón! ¡Silencio!

Arjona   Los heraldos
                    ya el combate pregonan.

García   ¡Esto es hecho!
                    Cada cual ante Dios con su derecho.

Heraldo (Dentro.)   «Oíd, oíd, oíd. Vasallos de don Sancho, Rey de Navarra,
                    de Aragón y de Castilla. El buen caballero don García,
                    Príncipe de estos reinos, ha aceptado el combate a
                    que, en uso del derecho que las leyes les conceden,
                    han apelado la reina doña Nuña y don Pedro de Sesé,
                    acusados de criminal inteligencia y descubierta rebe-
                    lión. Y siendo entrambos crímenes de lesa majestad,
                    las leyes les condenan a la pena del fuego, si al
                    transponer el Sol la línea del horizonte no se presenta
                    caballero alguno que quiera mantener su causa. Si
                    esto aconteciere, y el acusador saliere vencido, sufrirá
                    la misma pena en lugar de los acusados, como la ley lo
                    dispone; si saliere vencedor, serán quemados en este
                    mismo palenque los acusados, con él cuerpo del caba-
                    llero su defensor, que dando desde luego condenados
                    a la pena capital todos los que resultaren cómplices de
                    su traición. El Rey ofrece asimismo doscientos marcos
                    de oro a cualquier vasallo suyo que asegure la per-
                    sona del traidor que extrajo de las Reales Caballerizas
                    su mejor caballo de batalla, asesinando para ello a
                    su guardia y palafreneros. Esta es la justicia del Rey.
                    Vasallos del Rey, acatad la justicia del Rey. ¡Viva don
                    Sancho, Rey de Navarra!»

Pueblo   ¡Viva!

García   ¡Qué agonía, gran Dios! Cíñeme, Arjona,
                    esa fatal espada,

	y que quede a favor de esta celada encubierta a mi pueblo mi persona.
(Se cala la visera.)	¡Oh! Estoy seguro que en mi horrible gesto se ve mi odioso crimen manifiesto.

(Voces del pueblo.)

Una	¡Allí están! ¡Allí están!
Otra	¡Ya traen a los acusados!
Otra	¡Quién tal pensara de tan buen caballero como don Pedro!
Otra	Por eso mismo es más grande su delito.
Otra	Bien dicho. El Rey les había colmado de beneficios.
Otra	Y lo vendían, mientras él conquistaba a los moros nuevos señoríos.
Otra	Son unos infames; les van a atar a los postes de hierro como a los villanos.
Otras	¡Bien, bien!
Otras	¡Viva la justicia del Rey!
Todos	¡Viva!

(Tumulto.)

Voces	¡Silencio! ¡Silencio!

Otras	Ya bajan los jueces del campo.
Otras	¡Silencio! Escuchad.
Uno de los jueces del campo	«Vasallos del Rey, oíd. La hora del juicio ha llegado ya. La liza queda abierta desde este punto; y si al pasar el Sol la línea del horizonte no anuncian los clarines un defensor, el verdugo cumplirá con su deber.»
Muchas voces	¡Bien, bien!

(Aplausos, ruido, etc.)

García

> ¡Ea! Ha llegado la tremenda hora.
> Siento que Dios del corazón me arranca
> el germen de su fe consoladora,
> y en las venas la sangre se me estanca.
> ¡Sí, sí; de esta diabólica contienda
> viene todo el infierno a ser testigo!
> Vértigo..., sed de crimen me devora.
> ¡Ea, corre los lienzos de esa tienda,
> y el infierno desde hoy sea conmigo!

(Arjona manda a los pajes con una seña que abran la tienda. Éstos corren a un tiempo la cortina partida en dos que cierra su fondo y que cubre el teatro, y aparece un vasto palenque, cuyos andamios están llenos de gente del pueblo. En el fondo de este palenque se ve un altar; delante de, él, el verdugo, que, con una tea encendida está pronto a encender la leña hacinada alrededor de la Reina y de don Pedro, que estarán atados a dos postes de hierro y uno a cada lado del altar. Por sobre los andamios se cierra el horizonte con pintorescas montañas. El Sol acaba de salir por encima de unos cerros desiguales, y derramando sobre la escena la rosada luz de la mañana.)

Pedro	Señora, ¿no tenéis otra esperanza?
	¡Oh! Si mi brazo fuerte todavía
	estuviera...
Reina	El de Dios a todo alcanza.
Pedro	Creo que Dios también nos abandona.
Reina	Solo él puede apreciar nuestra agonía;
	que inútiles con él dolo y falsía,
	lo que castiga ve y lo que perdona.
Pedro	No tengo esa virtud; soplo mundano
	me anima aún el corazón terreno,
	y voy la hiel de que le siento lleno
	sobre ellos a verter.
(Al pueblo.)	Pueblo villano,
	Rey infame..., escuchad.
Voz en el Pueblo	¿Qué es lo que dice?
Otra	Dejadle hablar.
Otras	¡Silencio!

(El pueblo calla después de largo chicheo.)

Otras	Oíd.
Pedro	Rey fiero,
	sin fe ni ley: el Dios a que apelamos,
	que indefensos morir nos deja infiero;
	mas ante él de tus leyes protestamos.

Ella inocente, y yo buen caballero,
al tribunal de Jesucristo vamos,
y al inmolarme con tal vil castigo,
Rey, Príncipe, villanos..., yo os maldigo.

(Don García se tapa la cara con las manos, exhalando un ¡ay! desesperado.)

García   ¡Ay!

Voces del Pueblo   ¡Nos insulta! ¡Muera!

Otras   ¡Muera!

Otras   ¡Muera!

(La Reina demuestra voluntad de hablar.)

Voz   La Reina quiere hablar.

Voces   ¡Mueran!

Otras   Oídla.

Otras   Silencio. Oíd. Callad.

(Otro largo chicheo. El pueblo calla.)

Reina   Sin culpa muero;
                          mas aunque Dios por causa soberana,
                          que indefensos morir nos deja infiero,
                          yo como Reina moriré, y cristiana.
                          Sí; yo inocente, y él buen caballero,
                          seremos ante Dios esta mañana;
                          mas aunque me inmoláis, no os guardo encono.

Hijo, esposo, vasallos..., yo os perdono.

Pueblo   ¡Bien, bien!

García   ¡No puedo más!...

(Don García pone mano a la daga. Arjona le detiene.)

Arjona   Señor, teneos.
¿Qué queréis intentar?

García   Morir, Arjona.
Déjame.

Arjona   No.

Voces   ¡La hora se pasa!

Otras   ¡Mueran!

Otras   ¡Mueran, mueran!...

Una voz   Ninguno les abona.
Culpables son, pues Dios les abandona.

Otras   Ya dan los jueces la señal...

Otras   La hoguera
va a prender ya el verdugo.

García   ¡No, no quiero;
no puede más mi corazón de fiera.
¡Sálvese, sí!

(Don García va a salir de la tienda, en cuyo momento suena la seña de un agudo clarín. Don García se detiene.)

Arjona   ¡El clarín!

Pueblo   ¡Un caballero!

Escena VIII
Dichos y don Ramiro

(Se presenta don Ramiro armado de pies a cabeza: el esclavo etíope, de quien se hace mención en los anteriores actos, vestido a la oriental, con turbante blanco y con un collar de oro en señal de esclavitud, conduce de la brida el hermoso caballo de batalla del rey don Sancho, magníficamente caparazonado y empenachado. Un paje con los colores de la Casa Real de Navarra y Castilla trae el escudo y la lanza de don Ramiro. Éste tira un guantelete a los pies de don García y dice en alta voz:)

Ramiro   Aquí estoy, llego a tiempo todavía;
                   y os declaro a la faz del mundo entero
                   torpe y vil impostor, mal caballero,
                   calumniador infame, don García.

Voces   ¡El caballo del Rey!

Otras   Ése es el que le ha robado.

Otras   ¡Qué descaro, qué atrevimiento!

Otras   No puede combatir, no es caballero,
                   está declarado traidor y condenado a muerte.

Otras   ¡Muera!

Otras	¡Sí, sí, que muera también con ellos!
Otras	¡Prendedle, matadle!
Una	Ningún villano puede ceñirse armadura Real.
Otras	¡Muera, muera! Allá van los jueces del campo.
Todos	¡Bien, bien!

(Los jueces del campo, con algunos soldados, se dirigen hostilmente hacia don Ramiro. Éste toma rápidamente el escudo de manos del paje, y descolgando el hacha de armas del caparazón del caballo, los hace retroceder.)

Ramiro	¡Mentís! Derechos tengo a esta armadura, yo puedo entrar con ella en la batalla.
Pueblo	¡Muera, muera! Cogedle.
Ramiro	¡Atrás, canalla!
Rey de armas	¡Paso al Rey, paso al Rey!
Rey	¿Quién atrevido mi ley insulta y su delito ostenta, y con mis propias armas se presenta?
Ramiro	Oídme una palabra.
Rey	Di.
Ramiro	Al oído

(Don Ramiro se acerca al oído del Rey. Éste se estremece, y volviéndose a los suyos, dice:)

Rey   Atrás, señores; retiraos.

García   ¡Cielo!
               Con sola una palabra..., aun al Rey mismo...

Ramiro   (A don García.)
               Ya lo veis..., a no ser por mi buen celo
               por vuestra alma, la echáis en el abismo.

Rey   ¡Oh! Concluid ¡por Dios! si este secreto
               sabéis. ¿Quién sois?

Ramiro (Con calma.)   Señor, antes de todo
               que inocentes no sean el objeto
               de la mofa del vulgo.

Rey   De ese modo,
               ¿queréis...

Ramiro   Que libres sean, o en voz alta
               al vulgo vil relataré esa historia.

Rey   No, no. Libres están.

Ramiro   Al punto vengan,
               y en silencio escuchando se mantengan.

(El Rey hace una señal, y van a traer a la Reina y Sesé. La tienda se cierra como al principio del acto.)

               Pues os mostráis, don Sancho, tan celoso

de vuestro Real honor, que una sospecha
mal probada por labio mentiroso,
presa tan noble a los verdugos echa,
quiero, señor, que doña Nuña sepa,
antes que el duelo con mi vida acabe,
lo que en el alma de sus jueces cabe
cuando creen que la infamia en ella quepa.

Escena IX

Dichos. La Reina y Sesé, a una seña de don Ramiro

Ramiro   Ya están aquí...; silencio, estadme atentos;
                vos también escuchadme, don García,
                y si después de oírme unos momentos
                la espada alzáis, encontraréis la mía.

(Todos escuchan con asombro y ansiedad. Don Ramiro domina la escena, y recita con dignidad y calma.)

                Conocí una mujer..., su nombre Caya.

Rey   ¡Dios Santo!

Ramiro   Es grande historia. Esta matrona,
                casada con un noble de Vizcaya,
                su sien ceñía con feudal corona.
                Un mancebo..., su nombra no hace al caso,
                se prendó de su garbo y hermosura;
                y ella incauta, él audaz, paso tras paso
                fueles prendiendo amor en red segura.
                Él amante, altanera la matrona:
                «A todo —la dijo él— por ti me atrevo:
                ¿quieres cambiar por otra esa corona?»
                Y ella, que le entendió, picó en el cebo.

141

Una noche el Barón, su noble esposo,
a manos pereció de unos bandidos;
doliose ella del caso lastimoso,
mas siguieron de entonces más unidos
los dichosos amantes. ¡Ay! ¿Qué dicha
es segura en la tierra? El mozo osado
heredó a poco un reino, y por desdicha
de Caya, otra mujer con el reinado.
El la aceptó, pues le traía en prenda
otra corona más, y aunque fingía
falaz con Caya, al fin cayó la venda
que el corazón amante la cubría.
Dejola el Rey, y en vez del matrimonio
que la ofreció, del reino desterrola
firmándola un inútil testimonio
para un infante que del Rey quedola.
Y esta mujer, errante y expatriada...

(Se interrumpe.)

Reina, Rey y Sesé   ¡Acabad!

Ramiro   Sucumbió tras largo duelo,
a su hijo dando de la edad pasada
noticia, y por el Rey pidiendo al cielo.

Rey   ¡Dios mío! ¿Y aquel hijo?

Ramiro   Asió una lanza,
y en Palestina y Francia aventurero
vivió, guardando siempre una esperanza
de ser al fin un noble verdadero.
Topó en Francia por fin a una condesa
que a otro príncipe estaba prometida,

	la sedujo y huyó con la francesa,
	y aquí vinieron a pasar la vida.

Reina   Proseguid.

Ramiro

                A favor del pergamino
que dio el Rey a su madre, pasó este hombre
vida sin porvenir y sin destino,
sin descubrir su origen ni su nombre.
dio el caso, que a un traidor, que conspiraba
por impensado azar, halló la huella,
y como en nada este hombre se ocupaba,
dio en seguir holgazán el rastro de ella.
Dios les puso a los dos frente por frente,
y por doquier se hallaban: disponía
el uno en unas ruinas plazo y gente,
y el otro sus secretos sorprendía.
Y...

Rey, Reina y Sesé   ¿Qué?

Ramiro

                Ya en concluir veo que tardo;
secreto es que callárosle no debo,
(A la Reina.)   Vos la ofendida sois.
(Al Rey.)   Vos el mancebo;
don García el traidor, y yo el bastardo.

(Don Ramiro presenta al Rey el pergamino en cuestión, hincando la rodilla en tierra.)

Rey   Sí, es mi firma. ¡Hijo mío!

(Abrazo rápido.)

Ramiro	Ahora, García,
	ciertos de la verdad ambos estamos;
	si me tiendes tu mano, ésta es la mía;
	si en tu demanda estás, al campo vamos.
Reina	Tened, tened; el dedo del destino
	manifiesto está aquí, y a la inocencia
	el justiciero Dios abre camino.
Rey	Sí, perdona un error...
Reina	(Interrumpiendo.)
	Que no acrimino.
Rey	Yo revoco mi bárbara sentencia.
Ramiro	Y yo abrazo la causa de mi hermano:
	deróguese la ley, y en su delito
	sea el único juez... Dios Soberano.
(De rodillas.)	Su perdón os propongo.
Reina	Yo le admito.
(A don García.)	Pastor tiene la Iglesia, cuya mano
	tiene poder y crédito infinito
	de atar y desatar... Tu culpa llora,
	y de Roma no más perdón implora.
García (De rodillas.)	¡Madre!
Reina	Mas oye: don Ramiro debe
	dar la mano a tu esposa prometida,
	y en tu lugar también mando que lleve
	tu parte de heredad por mí traída.
	Sí: pues solo él a defender se atreve

mi calumniado honor con su honra y vida,
ved en qué precio su virtud estimo:
mi primogénito es; le legitimo.

Rey   Acepto. Abrid, heraldos, esa tienda.

(Lo Hacen y vuelve a quedar a la vista del público el palenque, cuya arena han ocupado ya los villanos, que, contenidos por los soldados, forman un numeroso grupo alrededor de la tienda.)

Pues mis armas vistió, ya es caballero:
pregonadlo a mi pueblo, y que esto entienda.
Yo le doy mi caballo: que altanero
sobre él las calles cruce; de la rienda
le lleven Reyes de armas, y que atienda
Navarra a que es su Príncipe heredero.

(Clarines y atabales en señal de pregón, y algo lejos tumulto, vivas. Traen más al centro de la escena. el caballo de don Sancho. El pueblo se agolpa en derredor.)

(A don Ramiro.)   Ea, a caballo tú.

Reina (A don García.)   Tú, escolta toma,
y a implorar parte tu perdón de Roma.

García   (Con afán, y pronto a partir.)
Sí, partiré; mas a la vuelta mía,
si traigo, madre, un corazón sincero,
¿puedo esperar de vos...

Ramiro   (Interrumpiéndolo y atajando a la Reina,
que va a responder.)
Sí, don García;

yo tras ti quedo; ve, y en mi fe fía:
buen hermano seré; buen caballero.

(Don Ramiro y don García se dan la mano, y éste parte por la izquierda
seguido de Arjona, que se habrá confundido con la multitud durante la
anterior escena. Don Ramiro monta a caballo, alejándose todos en tumulto
aclamándole. Los Reyes de armas, de pie sobre los andamios del palenque y
tremolando los pendones de Castilla, Navarra y Aragón, gritan cada cual a su
correspondiente turno.)

(El que tiene el pendón de Castilla, dice:)

¡Viva la Reina de Castilla!

Pueblo   ¡Viva!

(El que tiene el de Navarra, dice:)

¡Viva el rey don Sancho de Navarra!

Pueblo   ¡Viva!

(El que tiene el de Aragón, dice:)

¡Viva el príncipe don Ramiro, Rey de Aragón!

Pueblo   ¡Viva!

(Los villanos aplauden, tiran por alto los birretes, etc. Tumulto.)

Libros a la carta

A la carta es un servicio especializado para
empresas,
librerías,
bibliotecas,
editoriales
y centros de enseñanza;
y permite confeccionar libros que, por su formato y concepción, sirven a los propósitos más específicos de estas instituciones.

Las empresas nos encargan ediciones personalizadas para marketing editorial o para regalos institucionales. Y los interesados solicitan, a título personal, ediciones antiguas, o no disponibles en el mercado; y las acompañan con notas y comentarios críticos.

Las ediciones tienen como apoyo un libro de estilo con todo tipo de referencias sobre los criterios de tratamiento tipográfico aplicados a nuestros libros que puede ser consultado en Linkgua-ediciones.com.

Linkgua edita por encargo diferentes versiones de una misma obra con distintos tratamientos ortotipográficos (actualizaciones de carácter divulgativo de un clásico, o versiones estrictamente fieles a la edición original de referencia).

Este servicio de ediciones a la carta le permitirá, si usted se dedica a la enseñanza, tener una forma de hacer pública su interpretación de un texto y, sobre una versión digitalizada «base», usted podrá introducir interpretaciones del texto fuente. Es un tópico que los profesores denuncien en clase los desmanes de una edición, o vayan comentando errores de interpretación de un texto y esta es una solución útil a esa necesidad del mundo académico.

Asimismo publicamos de manera sistemática, en un mismo catálogo, tesis doctorales y actas de congresos académicos, que son distribuidas a través de nuestra Web.

El servicio de «libros a la carta» funciona de dos formas.

1. Tenemos un fondo de libros digitalizados que usted puede personalizar en tiradas de al menos cinco ejemplares. Estas personalizaciones pueden ser de todo tipo: añadir notas de clase para uso de un grupo de estudiantes, introducir logos corporativos para uso con fines de marketing empresarial, etc. etc.

2. Buscamos libros descatalogados de otras editoriales y los reeditamos en tiradas cortas a petición de un cliente.

www.ingramcontent.com/pod-product-compliance
Lightning Source LLC
La Vergne TN
LVHW091220080426
835509LV00009B/1087